Werner Maier

AQUARELLMALEREI
Bäume

Stimmungsvolle Bilder Step by Step in neuer Technik malen

Praktisches Grundlagenwissen für Anfänger & Fortgeschrittene

CV

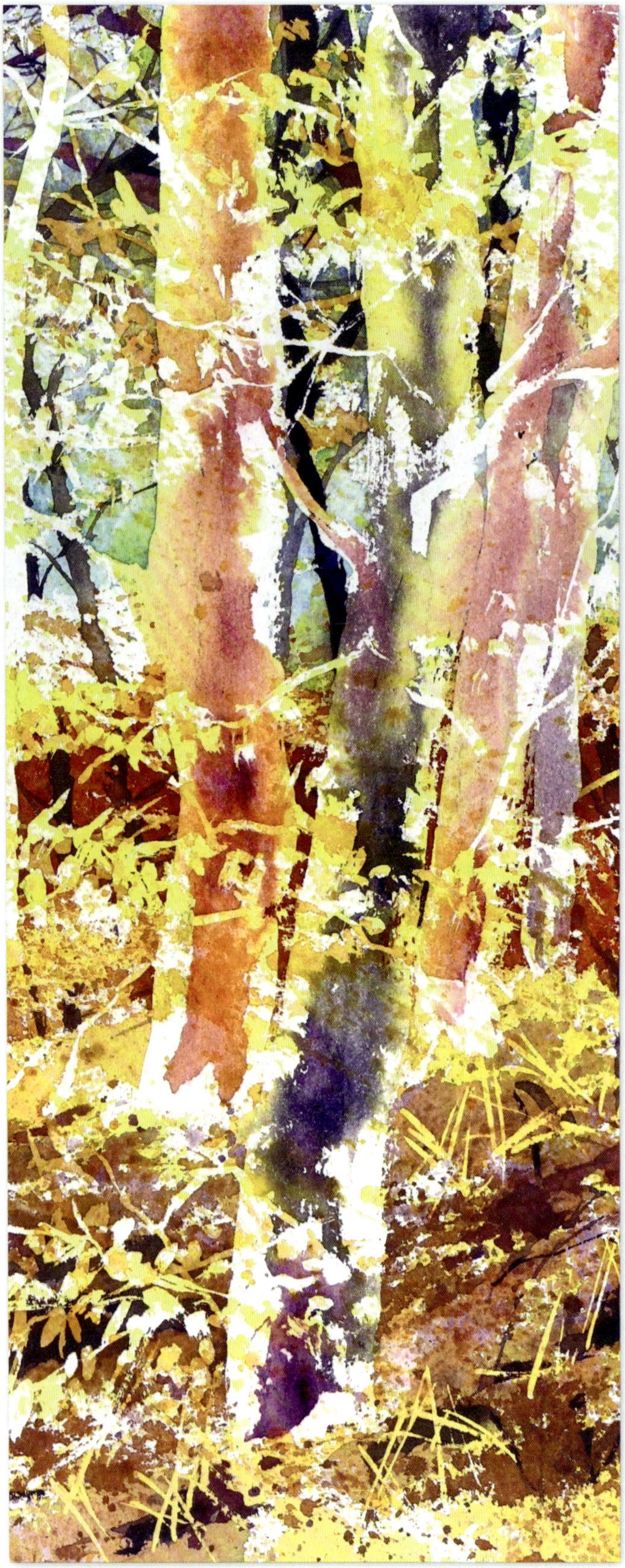

Inhaltsverzeichnis

Vorwort

Mein Atelier liegt an einem romantischen Flusslauf, umgeben von Wiesen und Feldern. Ohne Bäume und Sträucher wäre diese Landschaft schmucklos. Wie Saphire aus pastelligem Glasgrün oder tiefdunklem Meergrün reihen sich die Bäume und Sträucher am Horizont entlang und wachsen am Ufer des Flusslaufs. Jeder Baum und jeder Busch ist individuell, gerade so, als wäre das Blätterkleid maßangefertigt. Bei ausgedehnten Spaziergängen während der Malpausen wandern meine Augen über die vom Licht beschienenen Kronenspitzen. Bei diesem Naturschauspiel wird die Beobachtung zum sinnlichen Genuss. Das genaue Wahrnehmen ist die Vorstufe zum gelungenen Aquarell.
„Und jedem Anfang wohnt ein Zauber inne", wusste schon Herrmann Hesse. Das trifft auch auf die erste Aquarellschicht zu. Und sie behält diese Magie, solange sie feucht ist. Versuchst du, sie im trockenen Zustand zu verbessern, dann verschwindet ihr Leuchten aus der Fläche. Das Geheimnis des Aquarells liegt im Verschleiern, in der Andeutung und im Zufall. Wenn du die Eigenschaften erkennst und ihnen nachspürst, bekommst du ein Gefühl für die Qualität und die Besonderheiten des Aquarells. Die lichtdurchflutete Leichtigkeit der Aquarellschichten erlebst du mit keiner anderen Maltechnik. Gespritzte Punkte verschleiern oft das Darunterliegende und machen es dadurch erst interessant. Ein Gegenstand, der nur noch zu erahnen ist, zieht uns magisch an. Oft ist Angedeutetes daher viel faszinierender als das komplett ausgearbeitete Detail. Akzeptierst du den Zufall im positiven Sinne, dann kann sich das Aquarell in seiner ganzen Farbpracht entfalten und dich mit ungewöhnlichen Effekten überraschen.

Meine Quelle der Inspiration ist von jeher die Natur. Schon als kleiner Junge lag ich oft im Gras und lauschte dem Blätterrauschen in den Baumkronen. Heute skizziere ich vor Ort, wann immer sich mir die Gelegenheit dafür bietet. Bildest du die Natur live ab, dann erlebst du sie dreidimensional, mit all den Millionen von Farbabstufungen, Geräuschen und Windbewegungen. Kein Foto kann dies auch nur annähernd bieten. Durch die Naturstudien erkenne ich das Aussehen der Bäume in ihrer Vielfalt. Immer, wenn ich in der Landschaft sitze, komme ich zudem zur Ruhe und vergesse durch das konzentrierte Arbeiten alles um mich herum.

Viel Erfolg und viele glückliche Malmomente bei deinen Baumaquarellen!

Werner Maier

Material und Technik

Die schönsten Aquarelle gelingen dir dann, wenn du leuchtende Farben, gute Aquarellpinsel und hochwertiges Papier verwendest. Diese hervorragende Mischung ist der Schlüssel zum Erfolg und erleichtert dir die ersten Gehversuche wesentlich. Mit dem besten Material erlebst du, zu was Aquarellfarbe fähig ist.

Pinsel

Ich verwende die unterschiedlichsten Pinsel der Firma da Vinci. Am liebsten sind mir meine beiden eigenen Pinsel, die speziell für mich angefertigt wurden. Der erste ist ein kräftiger Pinsel, der viel Farbe aufnimmt und sie perfekt für größere Flächen auf das Papier bringt. Der zweite ist ein Naturhaarpinsel Nr. 8. Mit ihm kann ich hauchdünne und vor allem lange Linien ziehen. Die Form der Pinselspitze hat mein Malerfreund Ekkehardt Hofmann entwickelt und mir erlaubt, sie zu verwenden.

Hier lernst du meine Assistenten kennen.

1. Dicker Naturhaarpinsel
2. Naturhaarpinsel Nr. 8
3. Synthetik-Rundpinsel für Maskierflüssigkeit Nr. 6
4. Synthetik-Flachpinsel für Maskierflüssigkeit Nr. 2
5. Synthetik-Flachpinsel Nr. 16
6. Synthetik-Flachpinsel, 4 cm breit
7. Synthetik-Flachpinsel, 2 cm breit
8. Synthetik-Flachpinsel zum Auswaschen Nr. 20
9. Synthetik-Flachpinsel zum Auswaschen Nr. 16
10. Synthetik-Fächerpinsel Nr. 3

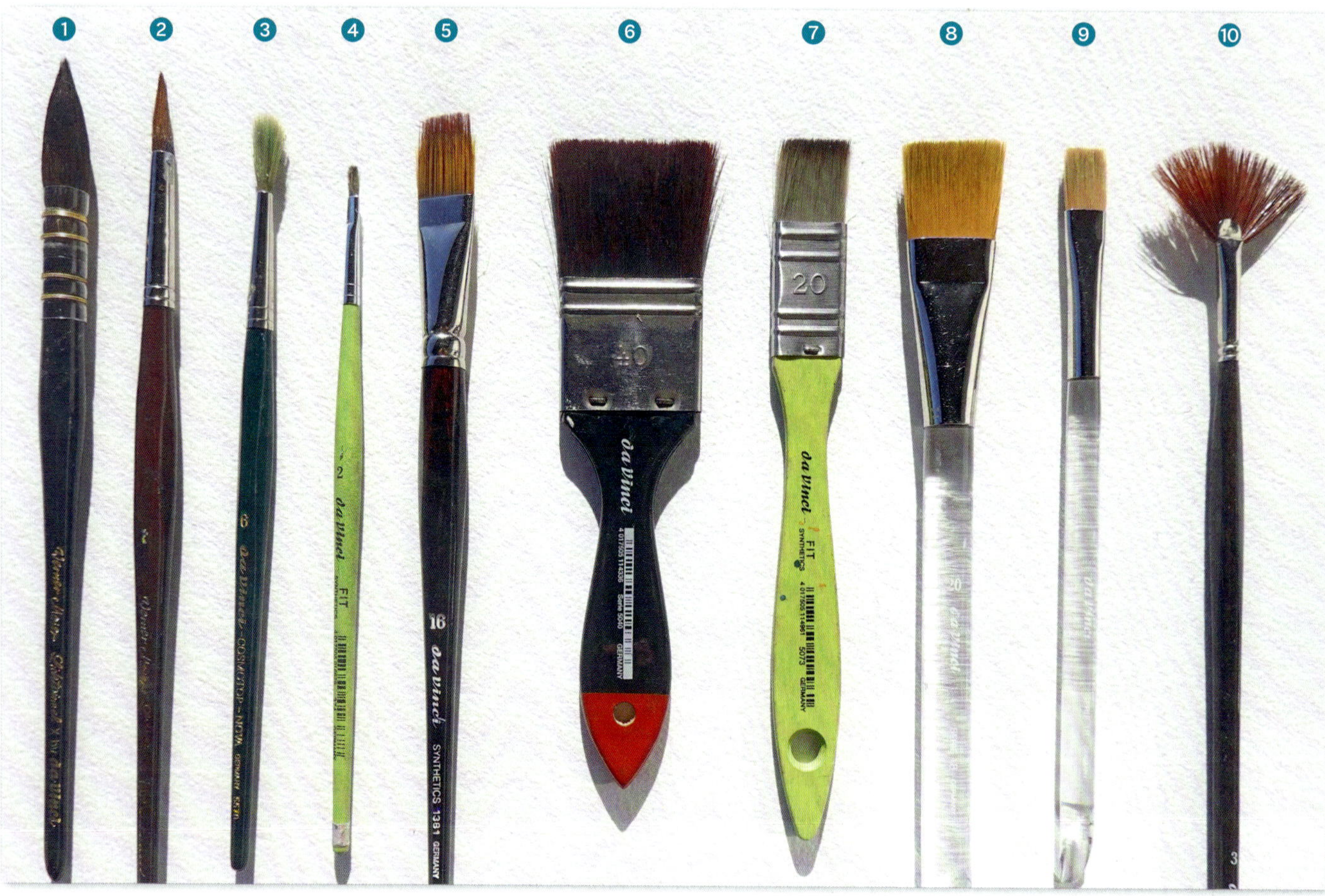

Farbkasten und Hilfsmittel

Meine Mischpalette verfügt über große Näpfe, und ich befülle sie mit Tubenfarben der Firma Schmincke. Die Näpfe sind groß genug für meine dicken Pinsel, und ich kann sie jederzeit mit der flüssigen Farbe auffüllen. Ich warte, bis die Farbe durchgetrocknet ist, bevor ich sie zum Malen verwende. Denn im feuchten Zustand wandert ansonsten zu viel von der Farbe in das Malwasser. Mein Farbkasten hat außerdem große Flächen zum Anmischen von Farbtönen. Auf meinem Arbeitsplatz befindet sich außerdem immer ein Gläschen Maskierflüssigkeit, auch Rubbelkrepp genannt. Daneben liegen griffbereit meine Malpinsel und immer zwei Wasserbehälter. Das Maltuch hilft mir, die Feuchtigkeit aus den Pinseln zu saugen.

Meine Farbpalette

- Titanweiß
- Zitronengelb
- Kadmiumgelb hell
- Kadmiumgelb mittel
- Kadmiumorange hell
- Indischgelb
- Kadmiumrot hell
- Chromorangeton
- Dunkelrot
- Lichter Ocker
- Lasur Ocker
- Ocker natur
- Goldbraun
- Siena natur
- Siena gebrannt
- Umbra natur
- Umbra gebrannt
- Kastanienbraun
- Krappbraun
- Maigrün
- Hookersgrün
- Saftgrün
- Olivgrün gelblich
- Grünoliv
- Perylengrün
- Bergblau
- Pariserblau
- Ultramarin feinst
- Ultramarinblau
- Ultramarinviolett

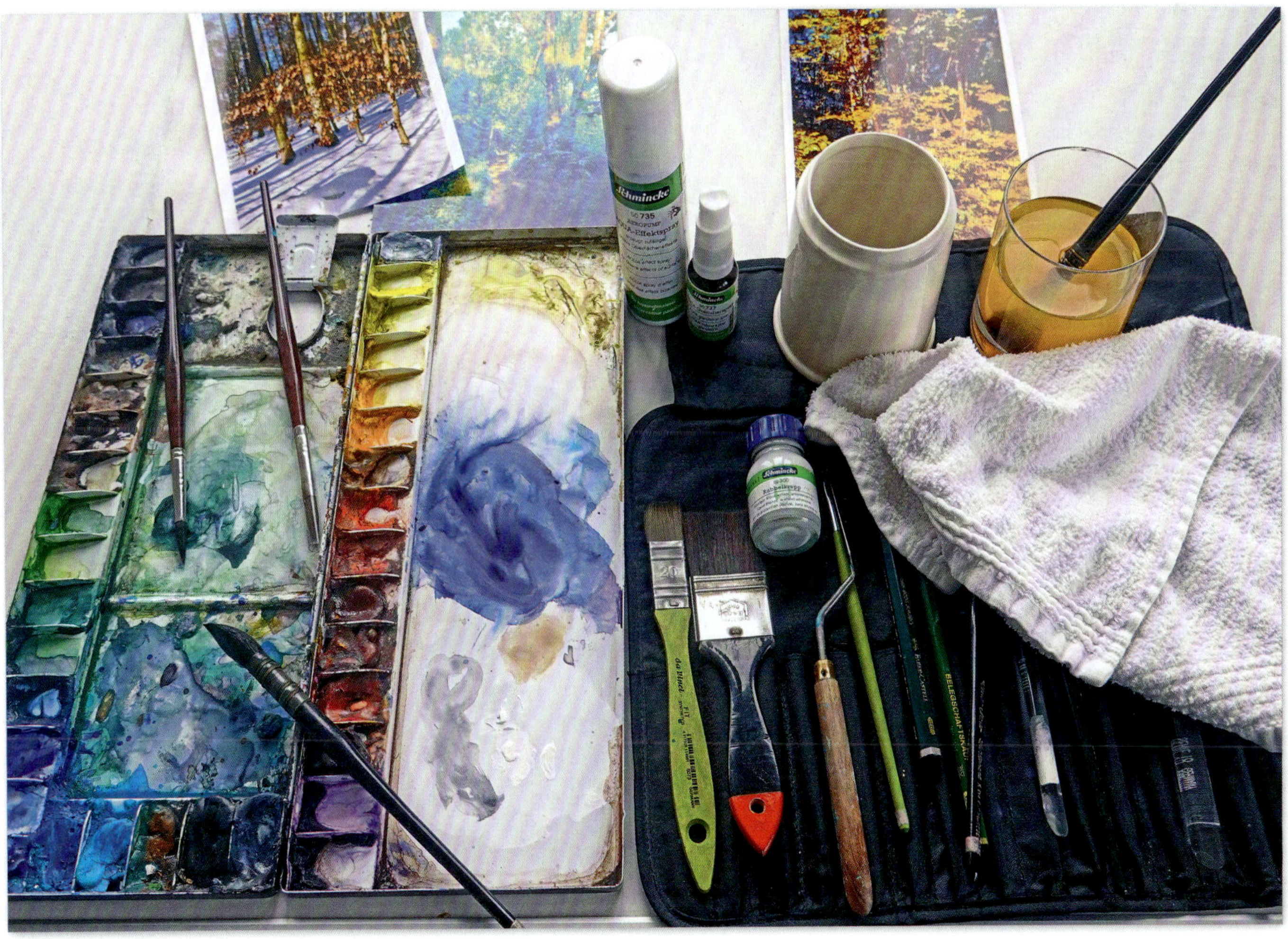

- Indigo
- Kobalttürkis
- Brillant Blauviolett
- Brillant Rotviolett
- Neutraltinte
- Paynesgrau bläulich
- Vandyckbraun
- Lampenschwarz

Papier

Willst du das Aquarell in seiner ganzen Schönheit erleben, so verwende reines Büttenpapier. Ich persönlich finde das Büttenpapier „The Collection" von Hahnemühle, 300 g rau, perfekt geeignet. Die Tropfen trocknen bei diesem Papier leuchtend auf und fließen gleichmäßig. Für den weißen Rand befestige das Aquarellpapier mit einem 30 mm breiten Klebeband, auch Malerkrepp genannt, auf einer leichten, 3 mm starken Holzplatte. Die klaren Kanten des weißen Randes bilden, einem Fenster gleich, einen schönen Kontrast zu den fließenden Aquarellflächen.

Die Spritztechnik

Dieses Buch setzt den Fokus auf eine ganz bestimmte Technik: die Spritztechnik. Mit dieser wirst du lockerer und entdeckst, welche positiven Überraschungen der Zufall im Malprozess bereithält. Die Farbtropfen können überall auf dem Aquarellbild landen. Mit Stämmen, Ästen und Zweigen wird aus der scheinbar willkürlichen Farbverteilung ein ausdrucksstarkes Laubwerk. Dich werden oft die ungewöhnlichsten Farbkombinationen und Flächenmuster begeistern. Wichtig bei dieser Malweise ist, dass du immer experimentierfreudig und neugierig auf die verschiedenen Techniken bleibst. Teste die Spritzeigenschaften unterschiedlichster Pinsel. Spritze mit viel und mit wenig Wasser. Lasse die einzelnen Tropfschichten erst trocknen oder spritze bewusst nass in nass. Beobachte, wie die Stärke des Klopfens in Verbindung mit der Feuchtigkeitsmenge die Größe der Punkte beeinflusst.

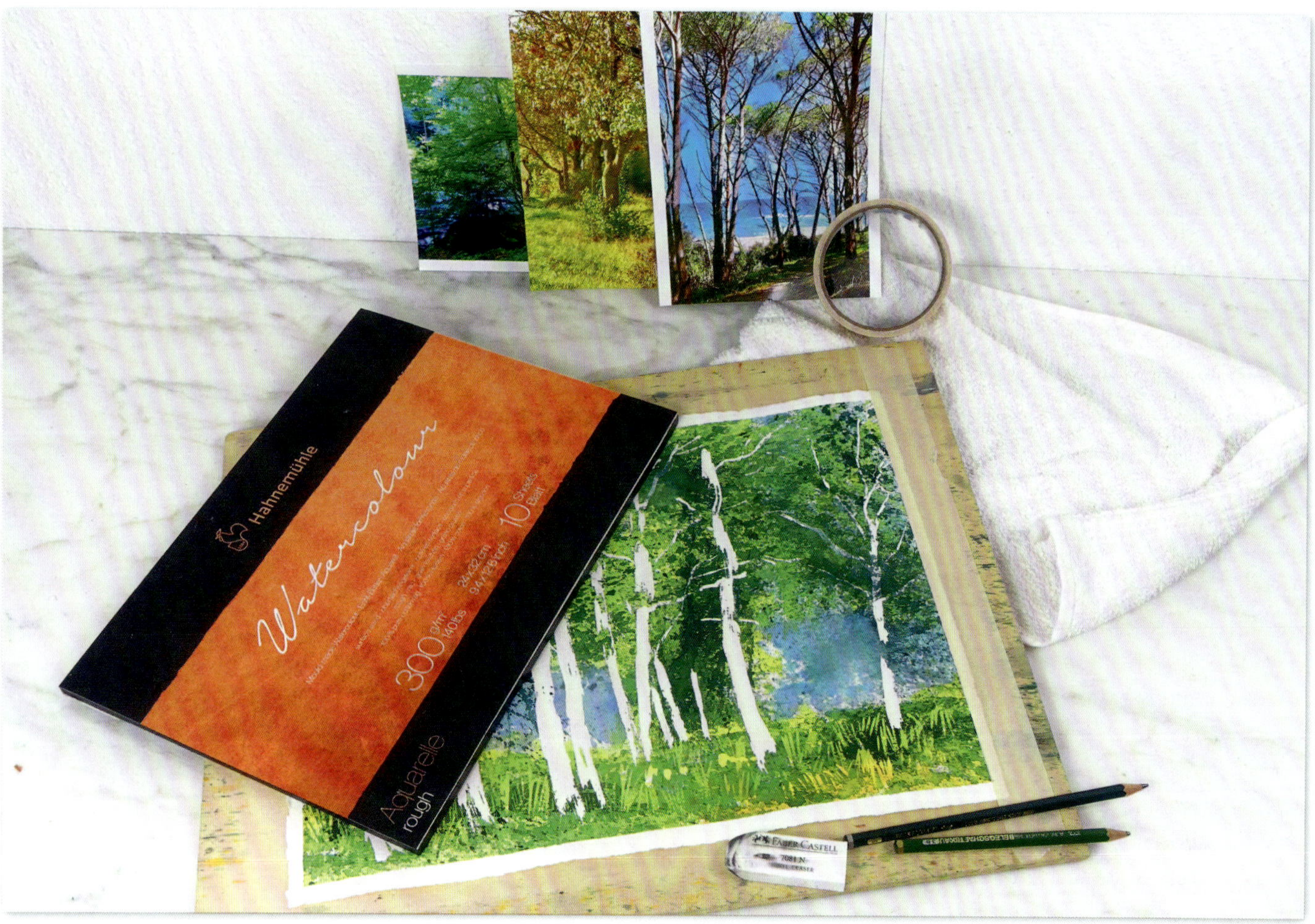

Auch die Stärke des Pinsels ist maßgeblich an der Tropfengröße beteiligt. Mit einem dünnen Pinsel kannst du feinste Punkte über dem Aquarell verteilen. Der dicke Naturhaarpinsel hinterlässt in kurzer Zeit viele Tropfen, die zu einer Fläche zusammenlaufen können. Kleine Punkte entstehen, wenn du mit einem schmalen Pinsel die Farbe verteilst. Die breite Tropfenstraße fließt zügig aus dem Naturhaarpinsel.

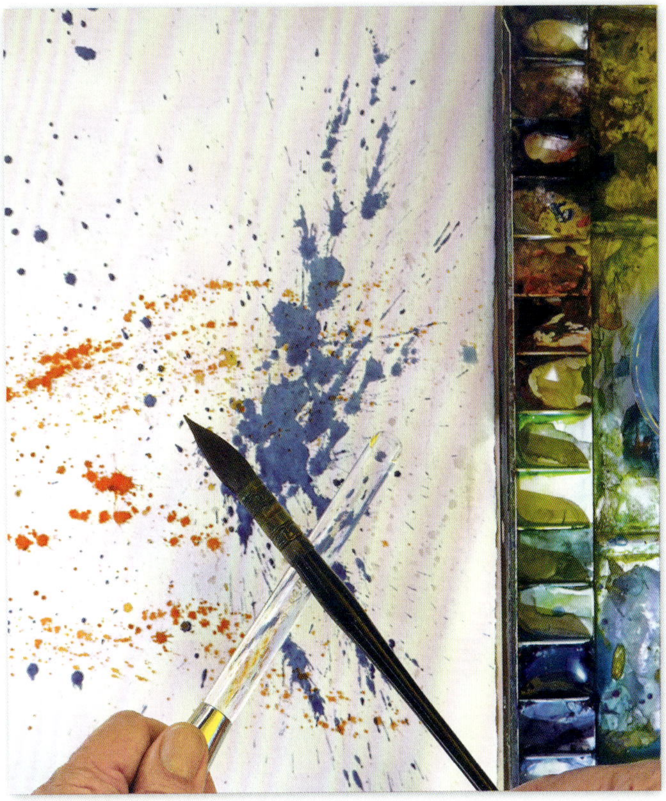

Variiere die Richtung der Spritzer. In der Natur wächst auch alles kreuz und quer. Entscheidend für die Leichtigkeit deines Aquarells ist, dass du nie die trockene Farbe auf dem Papier übermalst oder korrigierst. Du kannst die Bildfläche teilweise abdecken und die Spritzer auf bestimmte Bereiche deines Aquarells beschränken und so die Komposition lenken.

Klopfe den nassen Pinsel auf einen anderen Pinselstiel oder einen kleinen Holzstab. Bist du näher am Papier (ungefähr 4 cm), dann verteilen sich die Farbspritzer auf einem kleineren Bereich. Hast du beim Klopfen einen größeren Abstand zur Fläche (ungefähr 10 cm), dann verteilen sich die Tropfen über das ganze Aquarell.

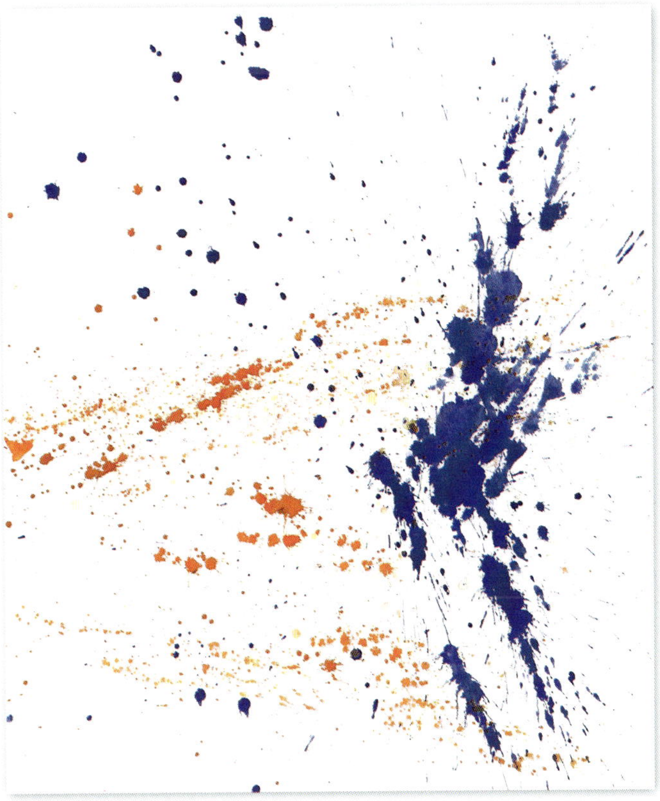

Räumlichkeit und Dynamik im Aquarell entstehen durch wenige Spritzer. Im Bild rechts ist durch die beiden unterschiedlichen Farben gut sichtbar, wie die Stärke der Pinsel das Spritzverhalten beeinflusst. Wenige große blaue Flecken fließen zu einer Fläche zusammen, während die feinen orangefarbenen Punkte einzeln erhalten bleiben. Gut sichtbar sind auch die einzelnen Richtungen in den Spritzbahnen. Du kannst mit dieser Technik Formen, Kreise und auch eckige Gebilde entstehen lassen.

Experimentieren ohne Erfolgsdruck

Du freundest dich mit der Technik an, wenn du ein Aquarellblatt mit Spritzern aus unterschiedlichsten Farben und Größen einfach nur so füllst. Durch den freien Umgang ohne jeden Erfolgsdruck gelingen dir unglaubliche Strukturen. Lasse dem Zufall freien Lauf. Mit dieser zwanglosen Herangehensweise erfährst du mit der neuen Technik große Freude mit überraschenden Erfolgserlebnissen. Meine Kursteilnehmer sind jedes Mal von ihren Ergebnissen begeistert und bekommen auch Anerkennung.

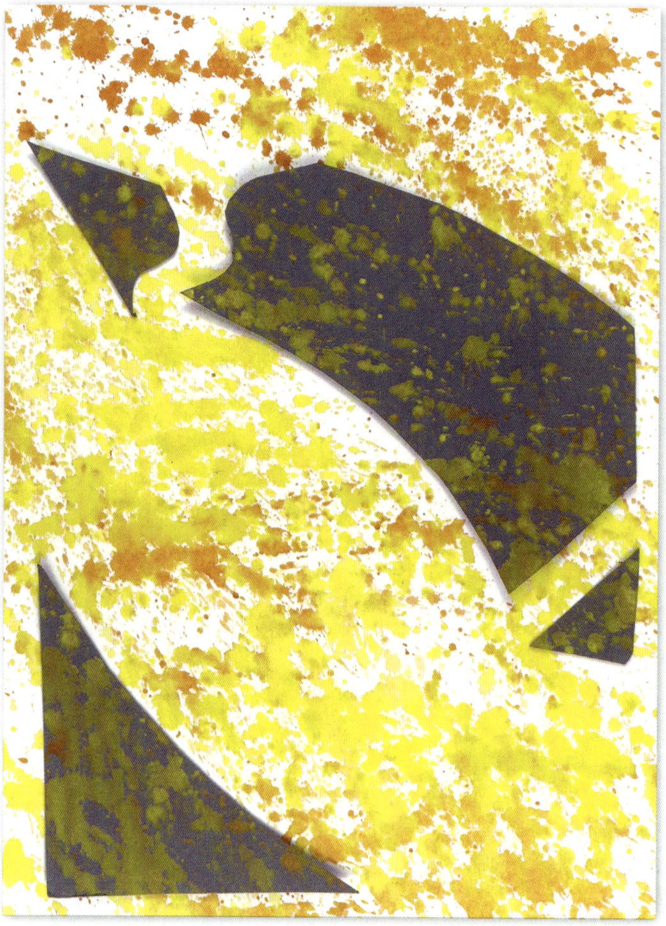

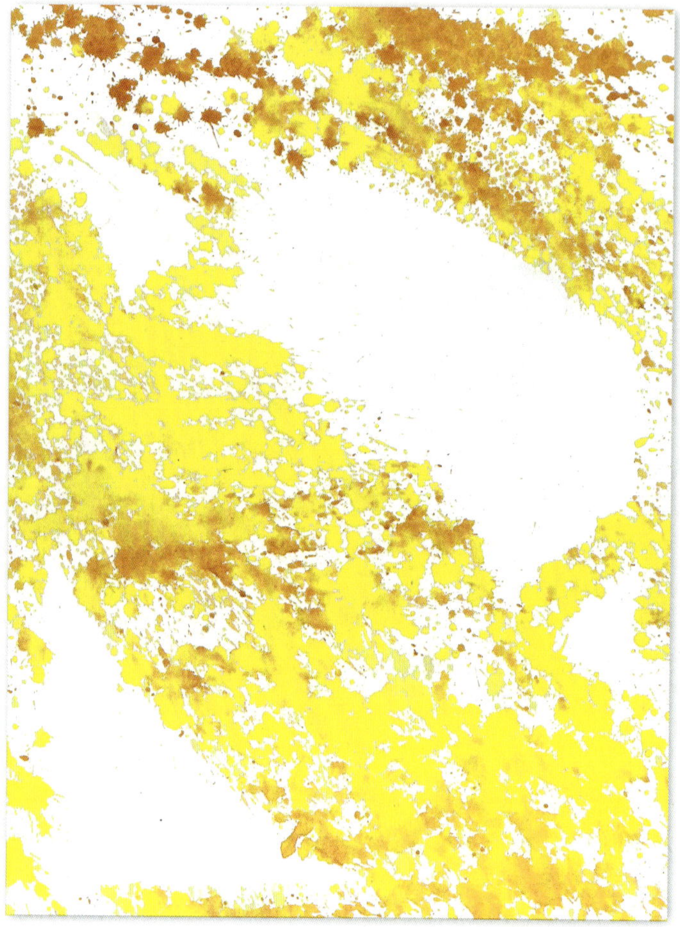

Spritzen mit der Abdecktechnik
Schneide aus Karton einige Formen aus und decke damit Teile deines Aquarells ab. Platziere die Kartons so, wie sie dir am interessantesten erscheinen. Verteile mit einem dicken und einem dünnen Naturhaarpinsel oder Synthetikpinsel Gelbtöne aus deinem Aquarellkasten über die Fläche. Das Beispiel soll nur Anregung für dich sein. Du kannst die Gelbtöne auch in andere Richtungen und mit veränderten Größenverhältnissen über das Blatt spritzen.

Beim Entfernen der grauen Pappe kommen die weißen, von der Farbe verschonten Flächen deutlich nach vorn. Diese weißen Stellen können für den weiteren Verlauf des Aquarells entscheidend sein, denn sie sind die Lichtstellen des Aquarells, die für die Helligkeit und Leuchtkraft des Bildes sorgen. Die Abdecktechnik hilft dir maßgeblich, ein realistisches Motiv vom Foto nur mit Farbspritzern umzusetzen.

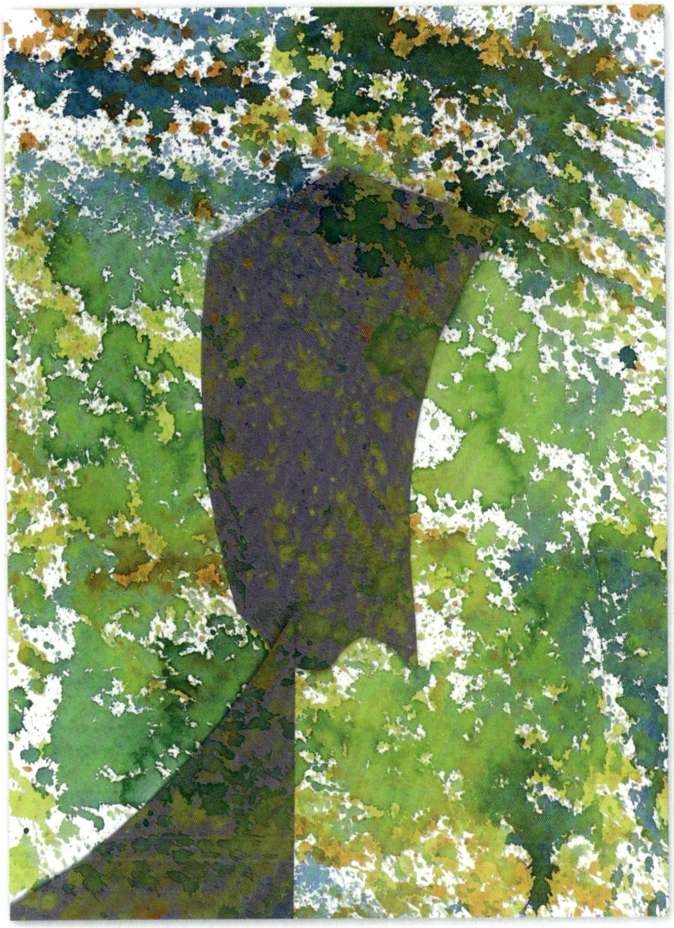

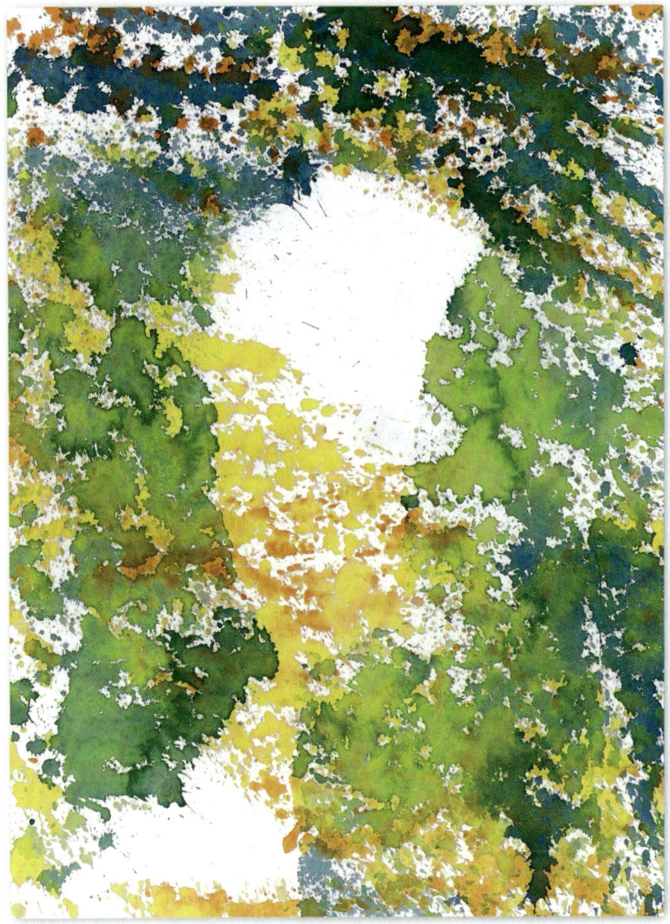

Verschiebe die Abdeckpappe an eine andere Stelle und spritze wieder Farbe auf. Wiederhole diesen Vorgang, und mit jedem Arbeitsschritt lösen sich die harten Ränder der weißen Flächen auf. Die Ränder der farblosen Stellen wirken dann weicher und malerischer. Himmelsausschnitte in der Natur wirken an den Rändern durch hereinragende Äste und Blätter auch unscharf. Auf diese Weise integrierst du die weißen Durchblicke in die Farblandschaft.

Wenn du jetzt die Pappen entfernst, siehst du deutlich malerische Übergänge und eine interessante Farbverteilung. Die Überschneidungen regen oft meine Fantasie an und bringen mich auf ganz neue Farbkombinationen. Das Spiel zwischen hellen und dunklen Formen verbinde ich mit dem Blick in Baumkronen und Waldstücke.

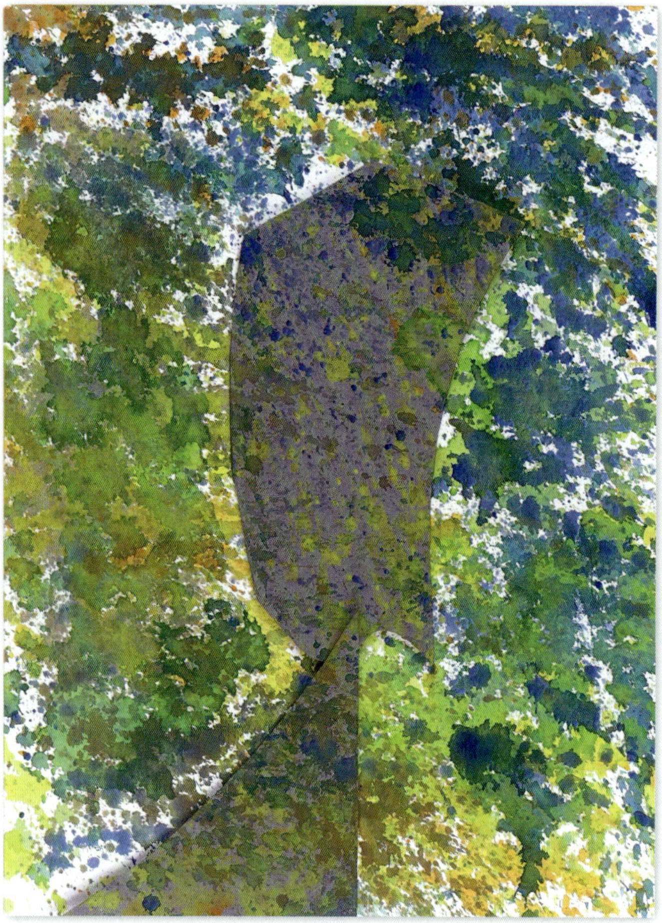

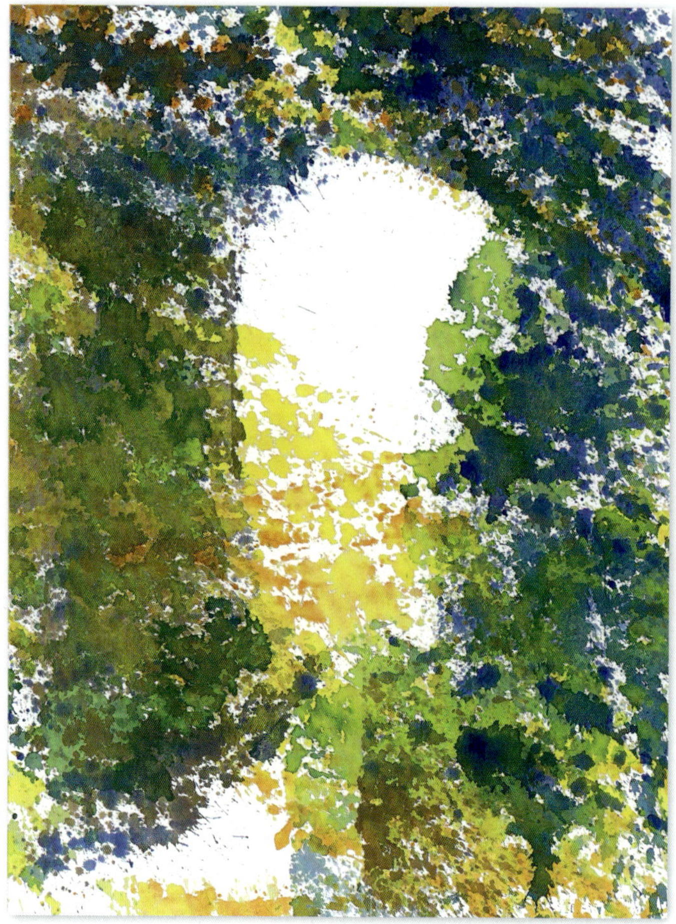

Du kannst, wie in diesem Beispiel sichtbar, auch die Lage der Pappe nur leicht verschieben. Die Kanten der Durchblicke werden durch die nur minimale Verschiebung noch rauchiger und bewegter. In meinem Beispiel wähle ich deutlich dunklere Blau- und Brauntöne, um die Farbigkeit zu erhöhen. Auf der linken Seite bildet sich nun ein heller Rand zum grauen Karton.

Wenn du die Abdeckung wieder entfernst, werden hier einzelne Farbstufen an den Rändern erkennbar. Diese Abstufungen geben dem Aquarell Raumtiefe. Auch sind die Überschneidungen der Farben gut sichtbar. Das Aquarell ist eine sehr lasierende Technik, die immer die unteren Farben durchscheinen lässt. Auf diese Weise entstehen herrliche Mischfarben und Zwischentöne. Hier ist der Zufall der große kreative Meister.

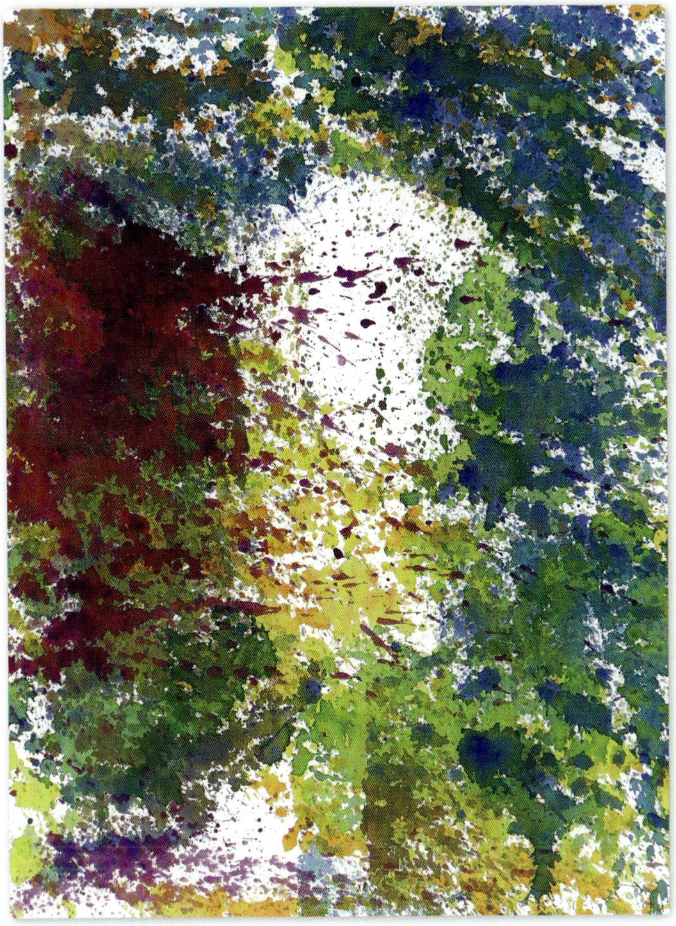

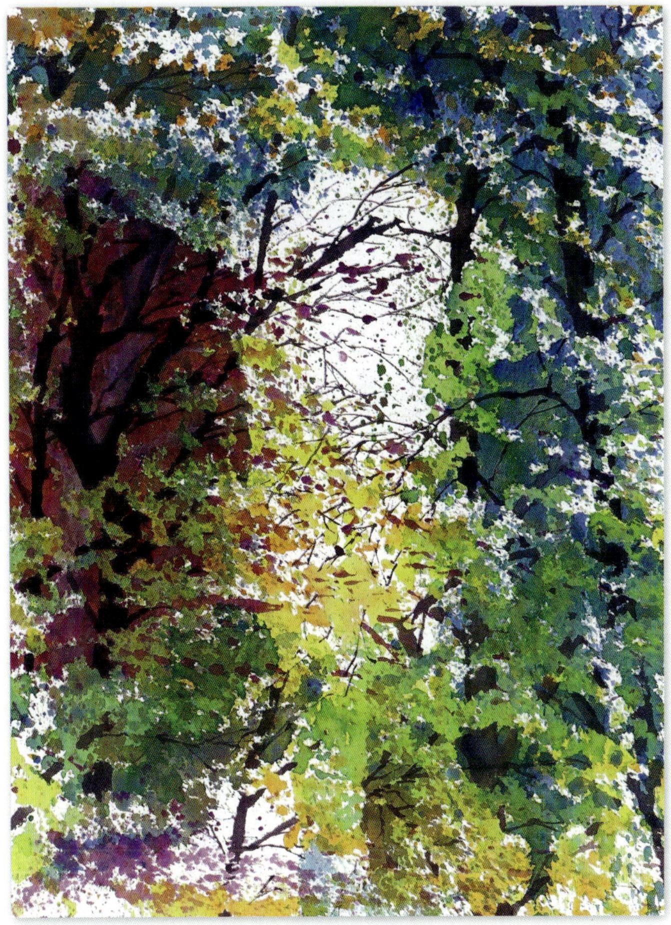

Wenn du auf die Abdeckungen verzichtest, dann integrieren die weiteren Flecken das Weiß in die Farbigkeit des Aquarells. Feurige Töne, wie Brillant Rotviolett, stehen leuchtend zwischen dem Grün. Du kannst auch andere Rottöne wählen und deinen Aquarellkasten durch die entstehenden Farbkontraste neu erforschen. Mit einem dünnen Pinsel gelingen dir feinste Sprenkel entlang der harten weißen Kante. Die abgedeckten Flächen sind als solche nicht mehr erkennbar.

Verwende die dunklen Flächen deines Bildes für Stämme und Äste. Das Blau ist die letzte Farbschicht in meinem Bild, und durch das Astwerk beginnt nun ein Schattenbereich in die Tiefe zu wandern. Du wirst dasselbe verblüffende Phänomen in deinen Arbeiten entdecken. Diese Vorgehensweise dreht den ganzen Raum um. Du bekommst das Gefühl, als hättest du die hellen Stellen über die dunklen Flächen gemalt.
Filigraner und kleinteiliger kann man Farbflächen und einzelne Stellen mit Maskierflüssigkeit abdecken. Das ist eine schnell trocknende, hauchdünne Plastikschicht, die das Papier schützt und ohne Rückstände wieder leicht zu entfernen ist. Das Papier sollte beim Aufbringen und Entfernen der Flüssigkeit trocken sein. Die Maskierflüssigkeit gibt es in blauer wie auch weißer Farbe.

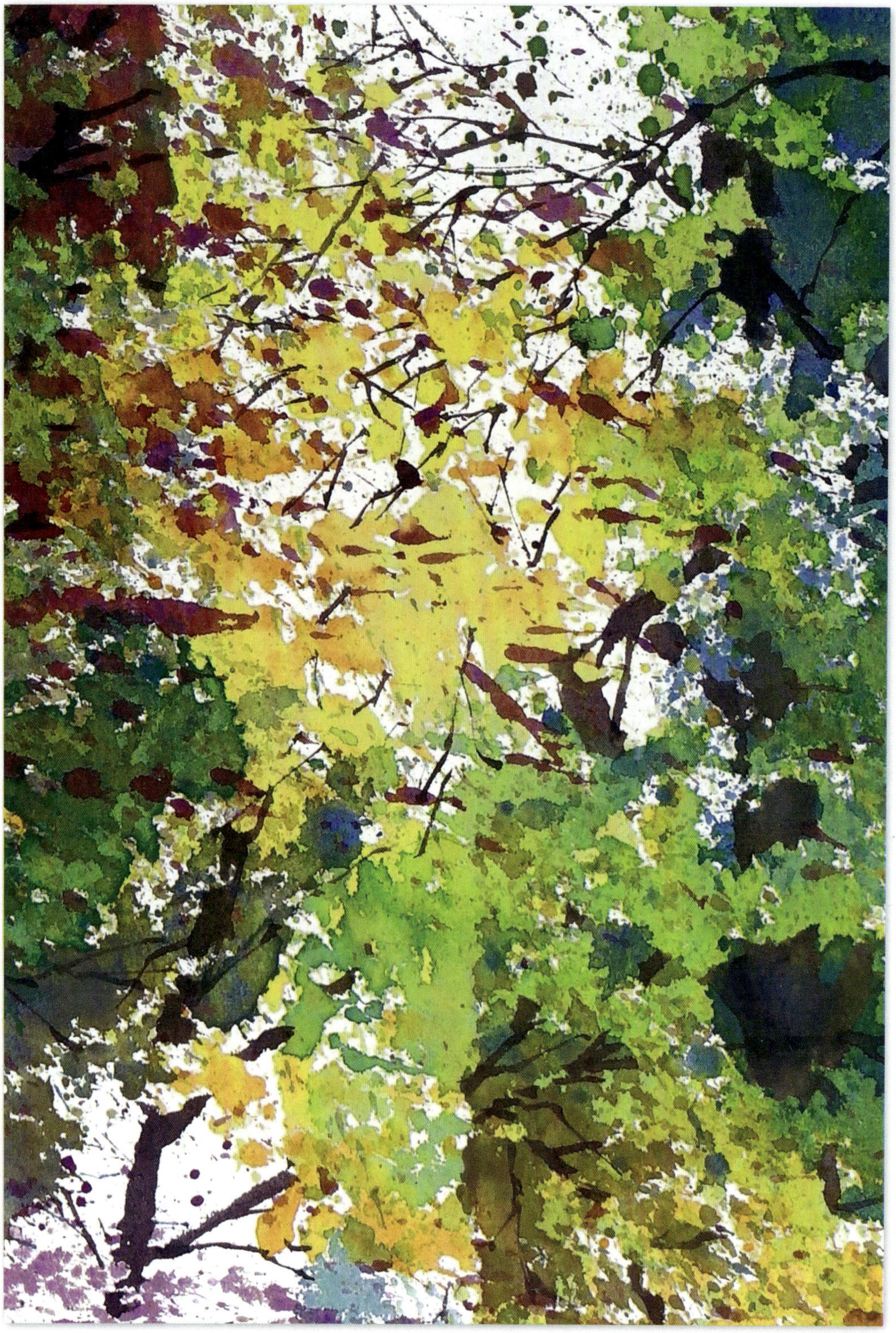

Interessant ist auch die Verbindung mit der traditionellen Aquarellmalerei. Von der Sonne beschienenes Blattwerk liegt optisch über den feinen Ästen. Das filigrane Astwerk leuchtet aber wiederum vor dem weißen Aquarellpapier. Das Wechselspiel hell auf dunkel und dunkel auf hell ist die Besonderheit bei diesen Aquarellen.
Die hellgelben Herbstblätter, die vor der weißen Himmelsfläche schweben, verbindest du in traditioneller Weise mit den filigranen Ästen. In der rechten unteren Ecke des Bildes hilft dir die neue Spritztechnik, die Wirkung umzudrehen. Die dunklen Farbspritzer wirken plötzlich als Schattenbereiche. Die sich in der Dunkelheit abzeichnenden Äste und Stämme verleihen dem Aquarell Volumen und Tiefe.

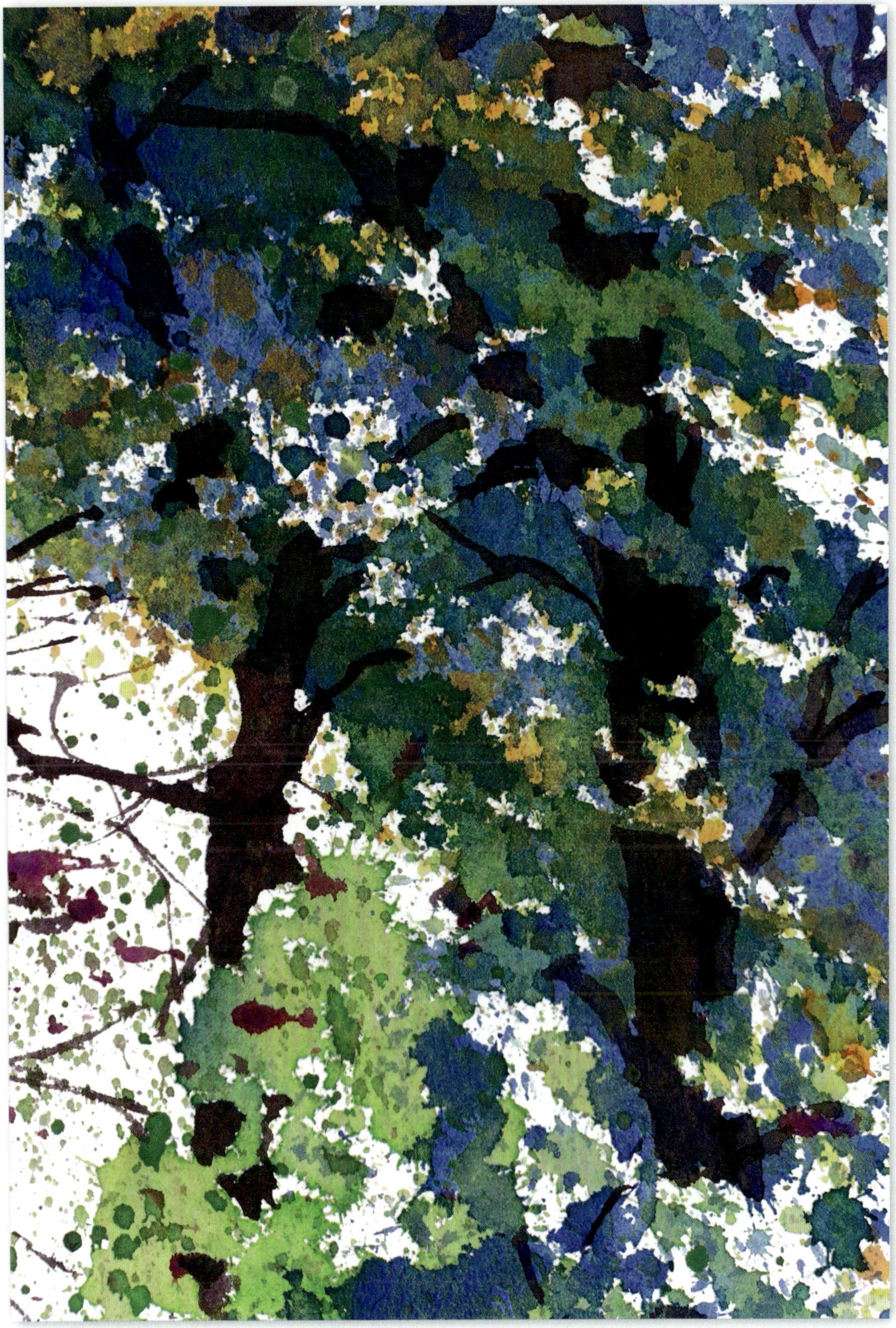

Diese Technik verwandelt die Flecken in ein glänzendes Laubdickicht aus den farbigsten Punkten, die von der Sonne beschienen sind. Hier entsteht wie von selbst eine faszinierende Farbwirkung mit großer Leuchtkraft, die du nur im Impressionismus und Pointillismus beobachten kannst. Probiere viele Farben und Strichvarianten aus, und dir werden einzigartige Aquarelle aus dem Pinsel fließen. Hier kannst du dir einen ganz neuen Zugang zum Aquarell erschließen. Viele Aquarellisten überziehen das Aquarell am Schluss mit farbigen Spritzern. Du drehst im positiven Sinne alles um, wenn du zuerst die Spritzer über der Aquarellfläche verteilst. Neue Ansätze bergen unglaubliche Chancen. Viel Erfolg damit!

Bäume und Sträucher im Bild

Flussauen

Du brauchst:

Aquarellpapier, rau, 300 g/m², 28 cm × 38 cm

Aquarellfarben in
- Zitronengelb
- Indischgelb
- Maigrün
- Hookersgrün
- Saftgrün
- Perylengrün
- Bergblau
- Ultramarin feinst
- Kobalttürkis
- Brillant Blauviolett
- Brillant Rotviolett
- Neutraltinte

Malerkrepp

Bleistift, B6

evtl. Maskierflüssigkeit

Pinsel s. S. 8

In der üppigen Vegetation von Flussauen findest du die komplette Skala der Farbe Grün. Der Pflanzenreichtum verdichtet die Natur zu einem Dschungel. Übertroffen wird ihre Schönheit nur durch die Spiegelung des Wassers. Das Tageslicht verwandelt den Nebenarm des Flusses dabei in ein ideales Aquarellmotiv. Dieses Naturschauspiel kannst du mit der Spritztechnik sehr gut in ein Aquarell umsetzen, denn die Farbtropfen überlagern sich zu einem Blattmuster.

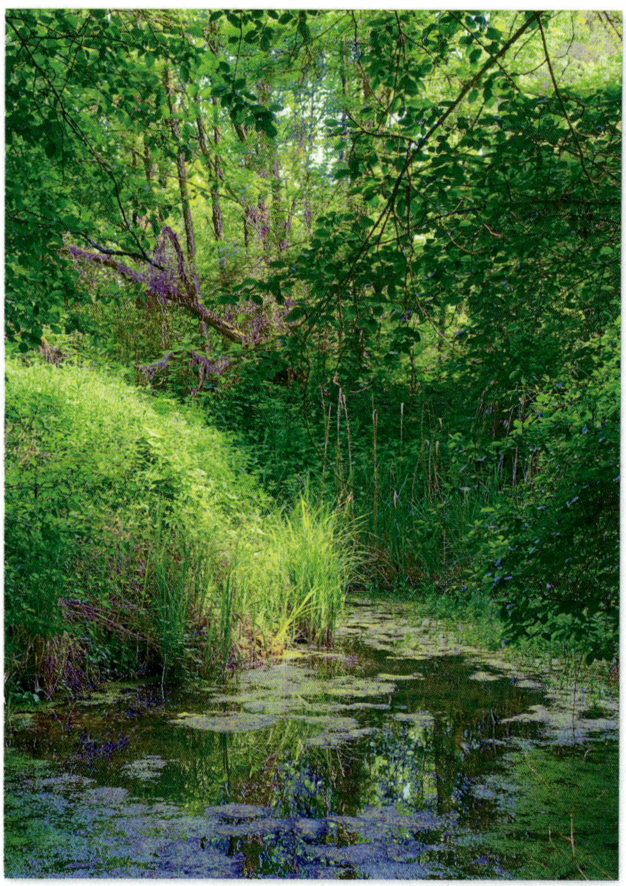

Motivvorlage

Die Spritztechnik zeigt für mich Parallelen zu der scheinbar verwirrenden Verdichtung der Pflanzen in der Natur. Wage dich hier also an das Sumpfdickicht. Du wirst überrascht sein, wie die Vielzahl der gespritzten Punkte die Stimmung der Flussauen erfasst. Die Farbspritzer kannst du zum Glück nie genau kontrollieren. Sie landen überall im Aquarell und ähneln den alles zuwuchernden Pflanzen und ausladenden Ästen im Dickicht der Natur. Das Motiv entsteht plötzlich wie von selbst.

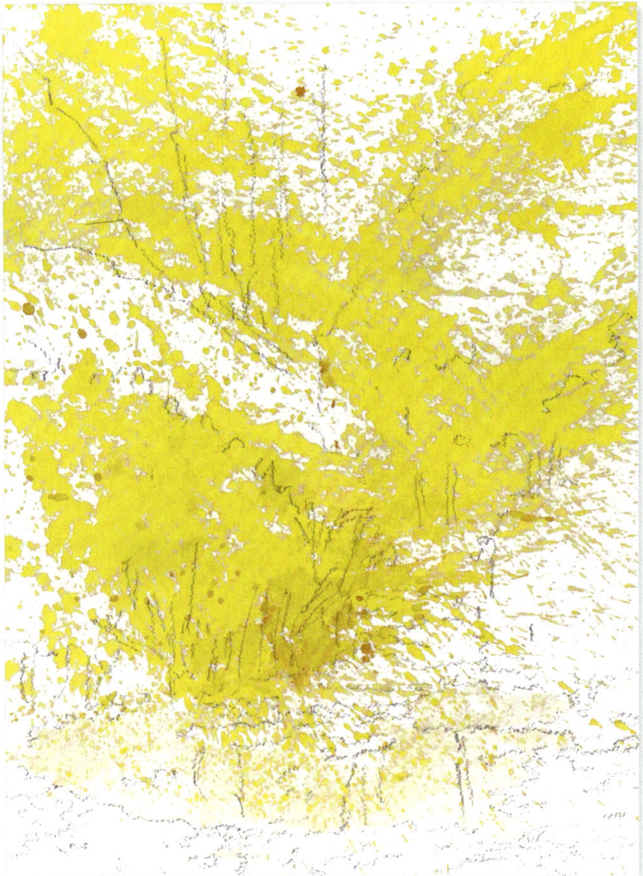

1. Schritt
Skizziere mit deinem Bleistift die Formen der Sträucher und Bäume. Drücke beim Zeichnen nur leicht auf, den die Skizzen sollen im fertigen Aquarell kaum sichtbar sein und auch mit dem Radiergummi gut zu entfernen sein. Spritze Zitronengelb und Indischgelb locker über die Pflanzenfläche. Decke den Bereich des Weihers mit Papier ab. Beachte die gelben und besonders die hellen Lichtpunkte auf dem Foto. Nutze für das intensive Licht das Weiß des Büttenpapiers und decke es mit grauen Kartonschablonen ab. Schütze nun die Wasserpflanzen entlang der Wasserfläche mit Maskierflüssigkeit.

2. Schritt
Bedecke die schwimmenden Pflanzenkissen mit ganz feinen Farbpunkten. Dafür eignet sich hervorragend ein Naturhaarpinsel Nr. 8 oder Nr. 9, der gut Aquarellfarbe aufnehmen kann. Gestalte die Sumpfpflanzen im vorderen Bereich mit sehr hellem, wässrigem Bergblau. Ist die Farbschicht getrocknet, übersprühe sie mit kräftigem Bergblau. Der schwimmende Pflanzenteppich gelingt dir mit Maigrün und Zitronengelb. Belebe auch diese Fläche mit kräftigen Punkten in Bergblau.

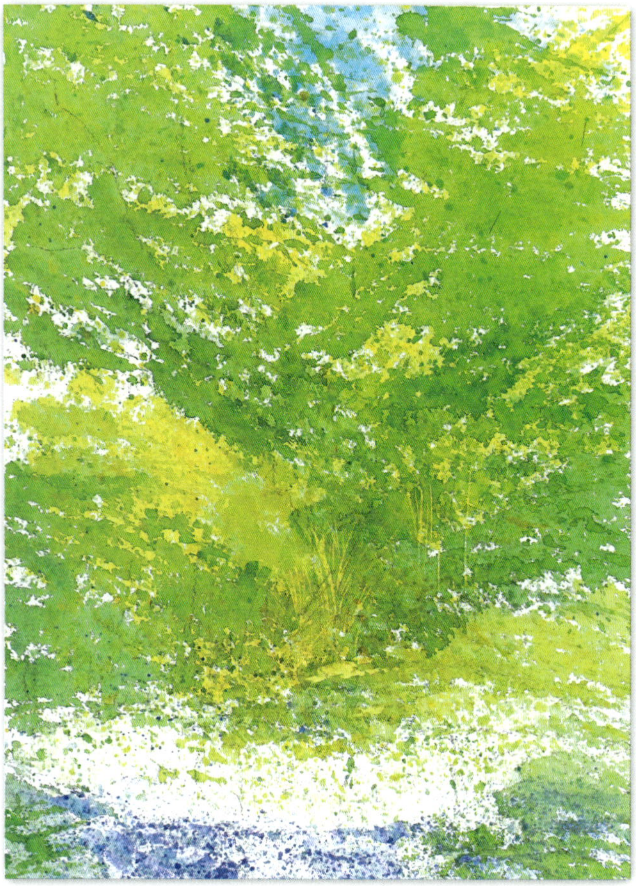

3. Schritt

Decke die glänzenden Schilfhalme mit dünnen Maskierlinien ab. Sie sollen im fertigen Bild aus den Grünflächen heraus leuchten. Überdecke nun mit Farbspritzern die hellgrünen Partien. Mit einer Verbindung aus Maigrün und Saftgrün gelingt die perfekte Farbzwischenstufe. Ist die Farbe getrocknet, überstreiche vereinzelt die Schilfhalme mit Maskierflüssigkeit.

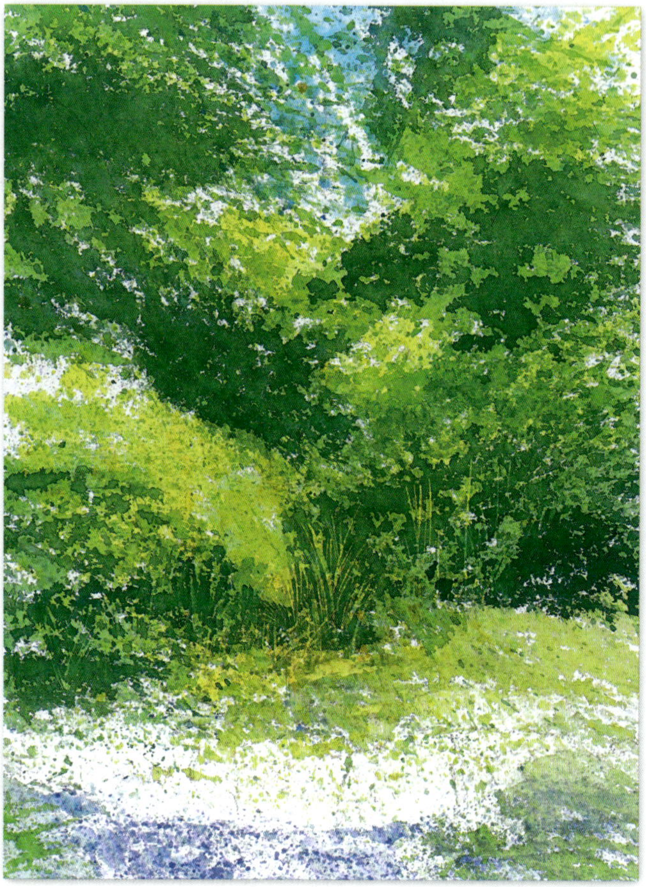

4. Schritt

Mit dem folgenden Farbschritt gewinnt das Motiv deutlich an Kontur. Du erzielst den entscheidenden Kontrast mit Hookersgrün und kleinen Spuren von Perylengrün. An manchen Stellen verfließen die Tropfen zu größeren Flächen. Das Aquarell wirkt im ersten Moment realistisch, ist aber bei genauem Betrachten eine freie Impression. Der zusammenhängende Buschwald beruhigt die Komposition und erhöht den Ausdruck.

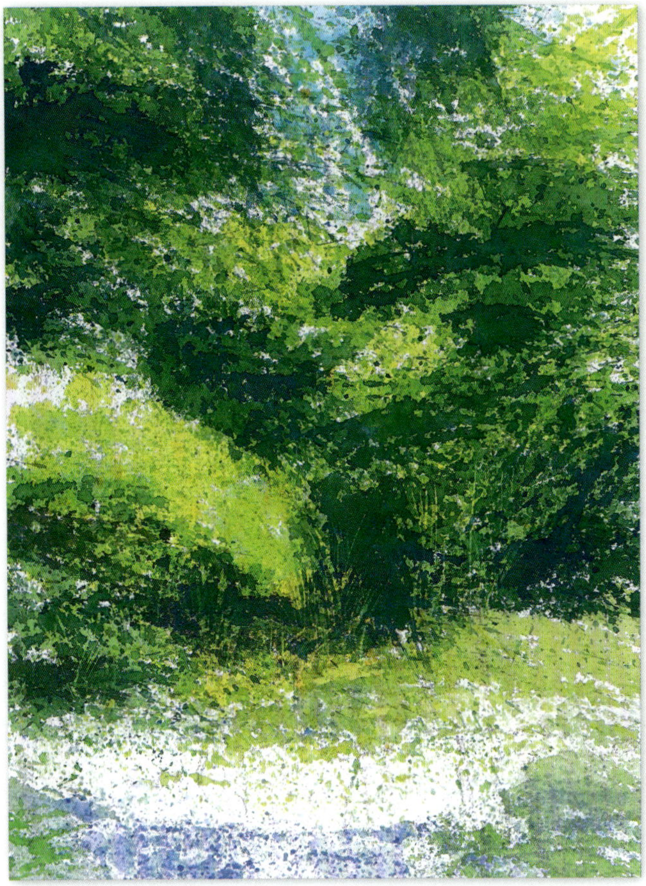

5. Schritt

Die endgültige Modellierung erreichst du mit Ultramarin feinst. Setze sie nur vereinzelt ein und gib zum Blau einen Hauch Hookersgrün. Achte auf die Gewichtung der Flächen. Sie bringen die entscheidende Bewegung in die Uferböschung. Decke mit Schablonen einzelne Bildteile ab, die dir fertig erscheinen. Jeder weitere Farbspritzer wäre an dieser Stelle zu viel.

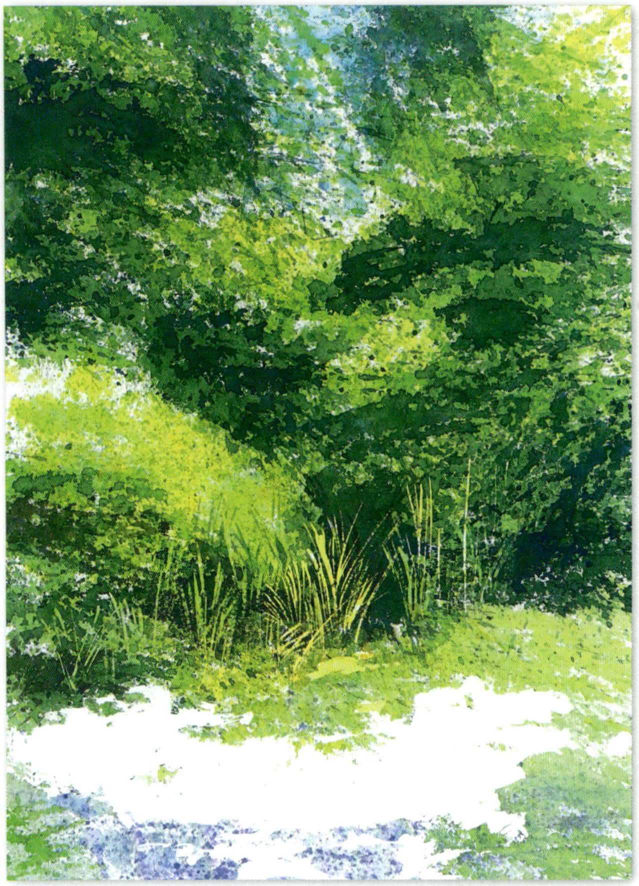

6. Schritt

Nun entferne mit einem kleinen Ballen Küchenpapier und leicht kreisenden Bewegungen die Maskierschicht. Male einige dunkle Halme über die zuvor maskierten Striche. Sie liegen dann hinter den hellen Linien und beleben die ruhige Fläche zusätzlich. Die freigelegten hellen Halme wirken nicht hart wie Buntstiftstriche. In ihrer Andeutung schweben sie filigran und integrieren sich in das luftige Strauchwerk und Unterholz.

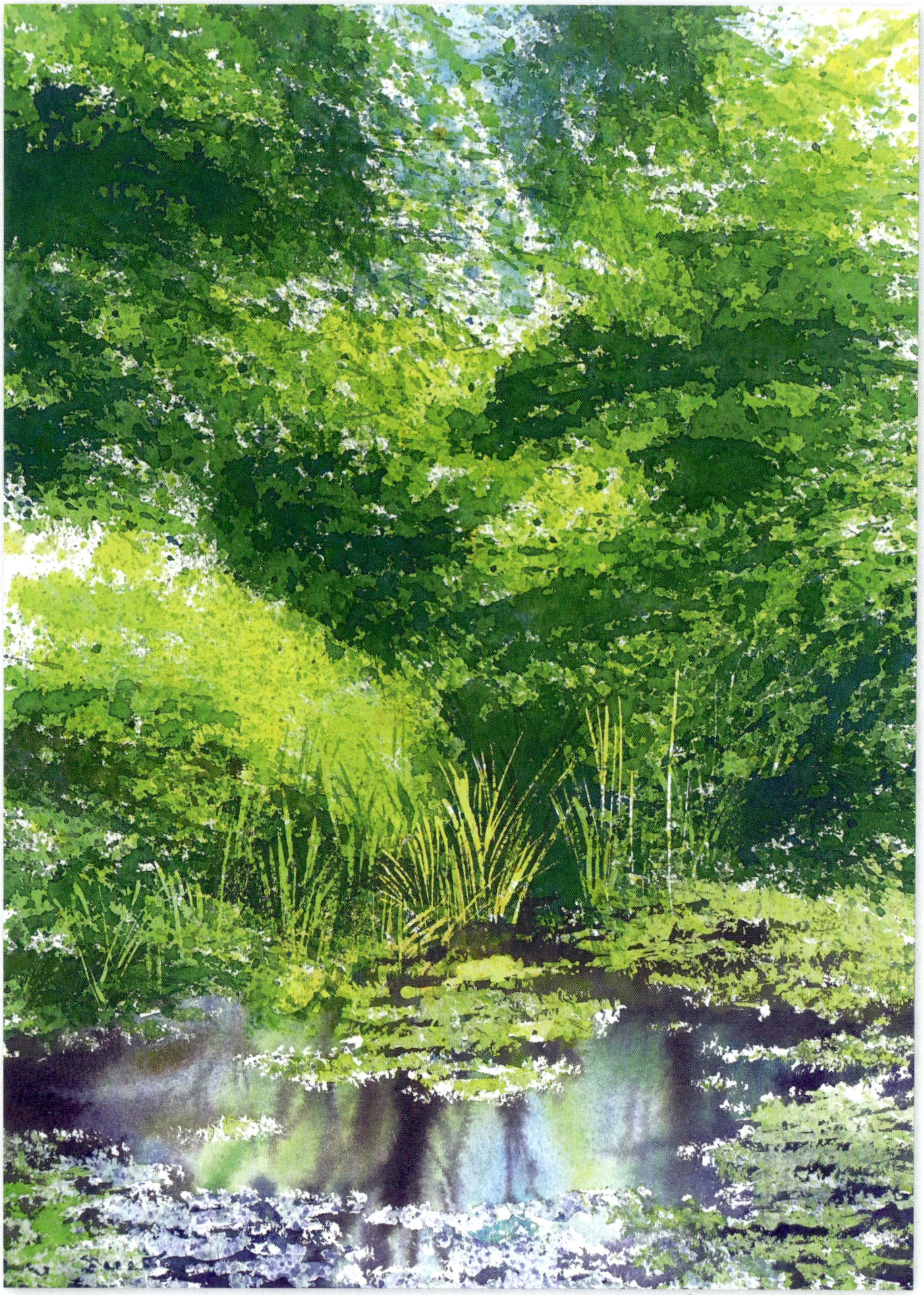

7. Schritt

Schütze die Schwimmpflanzen mit der Maskierflüssigkeit. Die Unschärfe der Wasserspiegelung gelingt dir nur durch einen zügigen und ruhigen Farbauftrag, der im feuchten Zustand problemlos ineinanderläuft. Lege die Fläche als Erstes mit wässrigem Kobalttürkis an und lasse an zwei Stellen in die nasse Farbe Zitronengelb und Maigrün einfließen. Dunkle die sichtbaren Randbereiche des Weihers mit Brillant Blauviolett und Neutraltinte ab. Die verblüffendste Wirkung erreichst du mit den unscharfen Baumstämmen. Sie lassen das Wasser geheimnisvoll und gläsern erscheinen.

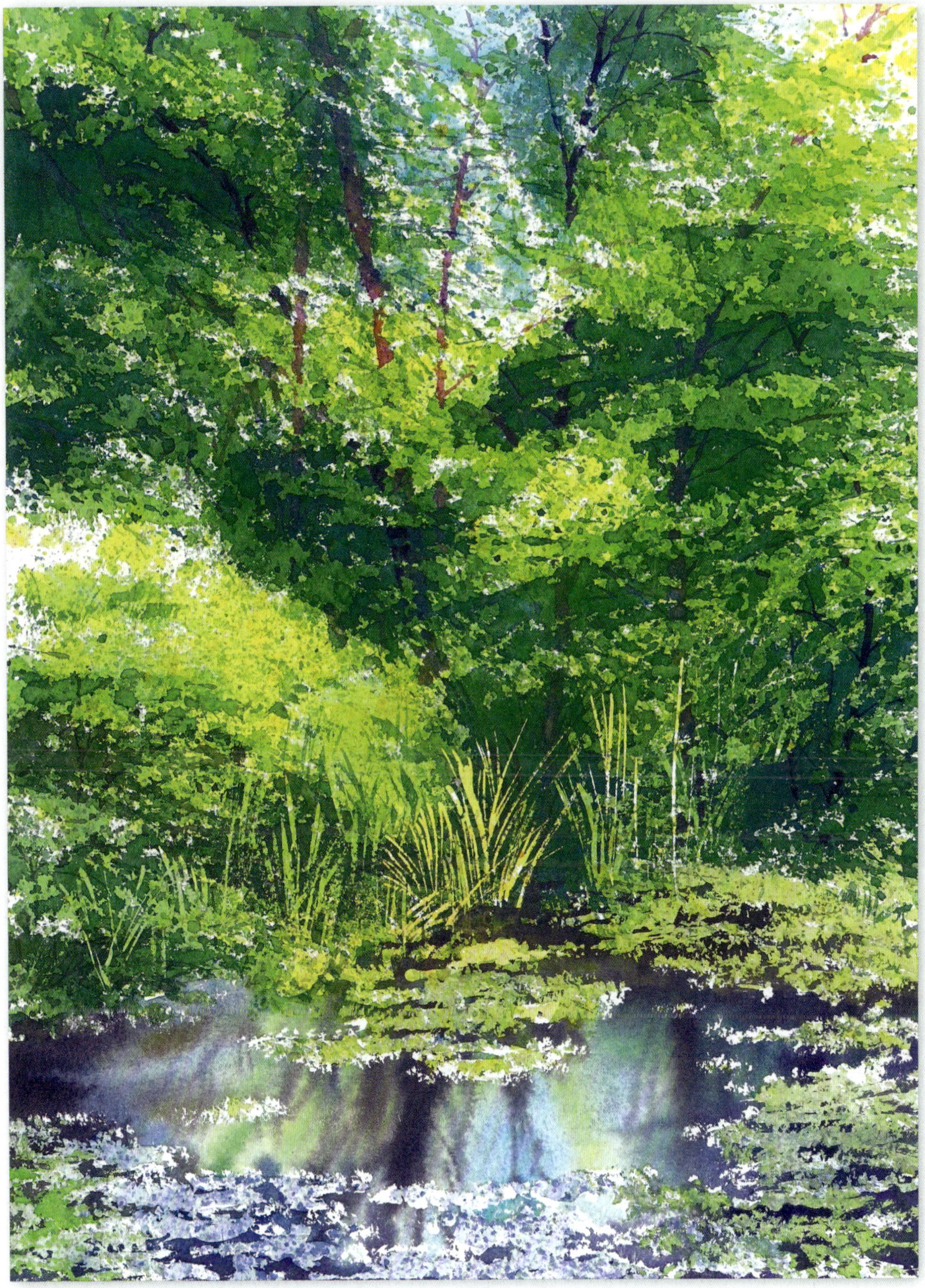

Fertiges Bild

Mit den Verzweigungen verwandelst du die flächige Farbverteilung in ein dreidimensionales Blättermeer. Kopiere nicht eins zu eins die Fotovorlage. Das Aquarell und die Komposition haben ihre eigene Gesetzmäßigkeit. Die Baumstämme auf dem Foto können auf dem Aquarell schnell zu viel werden. Schaffe einen ausgeglichenen Rhythmus zwischen den Blätterkissen und den schattigen Ästen. Male die Stämme und Zweige mit Brillant Rotviolett und Neutraltinte vor allem in die dunklen Flächen und spare die hellgrüne und gelbe Belaubung aus.

Bäume am See

Du brauchst:

Aquarellpapier, rau, 300 g/m², 28 cm × 38 cm

Aquarellfarben in
- Titanweiß
- Zitronengelb
- Kadmiumgelb mittel
- Ocker natur
- Siena natur
- Umbra natur
- Maigrün
- Hookersgrün
- Kobalttürkis
- Bergblau
- Pariserblau
- Ultramarin feinst
- Ultramarinviolett
- Brillant Blauviolett
- Vandyckbraun
- Neutraltinte
- Lampenschwarz

Malerkrepp

Bleistift, B6

Pinsel s. S. 8

Das malerische Zusammenspiel zwischen Ästen und Blattwerk ist unerschöpflich. In diesem Hochformat entdeckst du die geniale Verbindung zwischen mehrfarbigen Ästen und locker verteilten Grüntönen. Ohne die Spritztechnik würde das Aquarell nicht über diese Durchsichtigkeit verfügen.
Das wichtige Weiß blitzt zwischen den farbigen Punkten hervor und durchflutet das Aquarell mit Licht. Wenn du mit dem Pinsel direkt auf dem Papier malst, dann verschwinden sehr schnell die feinen weißen, oft zusammenhängenden Punkte. Mit der neuen Spritztechnik bleiben sie erhalten und schweben zwischen den Farben.

1. Schritt
Lege bei höheren Bäumen nur einen schmalen Himmelsstreifen an. Er sollte entweder ganz ruhig oder wolkenreich und lebendig wirken. Verwende hier für den obersten Streifen einen zarten hellgelben Mischton aus den Farben auf deiner Palette. Lasse in diese Farbzone Ultramarin feinst fließen. Achte auf die Unterschiedlichkeit der Wolkenspitzen. Sie sollten möglichst lebendig in den Himmel ragen und können ohne weiteres den Blattrand berühren. Dieser Formenreichtum prägt den natürlichen Charakter des Aquarells.

2. Schritt

Der untere Blauton gelingt dir mit Bergblau. Die Wolkenschatten bestehen aus Ultramarin feinst mit einem Hauch von Neutraltinte. Feuchte das Papierweiß unter der Wolkenfront mit klarem Wasser an. Die nasse Papierschicht verhilft dir zu einer unscharfen Kante. Die untere, noch unbemalte Fläche suggeriert nun eine weit entfernte Wolkenfront. Unterbreche die grauen Schattenkissen mit kleinen Tupfern aus Bergblau. Sie lockern das grauviolette Band auf, und die Wolken schweben dir entgegen.

3. Schritt

Forme aus einer Mischung von Zitronengelb und Kadmiumgelb mittel zwei runde Baumkronen, ausgehend vom unteren Rand bis zur Hälfte des Bildes. Gestalte die rechte Form größer. Spritze so lange, bis nur noch wenige weiße Stellen verbleiben. Verteile die gelbe Farbe auch auf dem unteren Bildrand. Das weiße Papier und die gelben Farbspuren sollten hier beide gut sichtbar sein. Durch die feuchte Farbe können sich Pigmentränder bilden. Das ist aber kein Problem. Im Laufe des Malprozesses lösen sie sich auf.

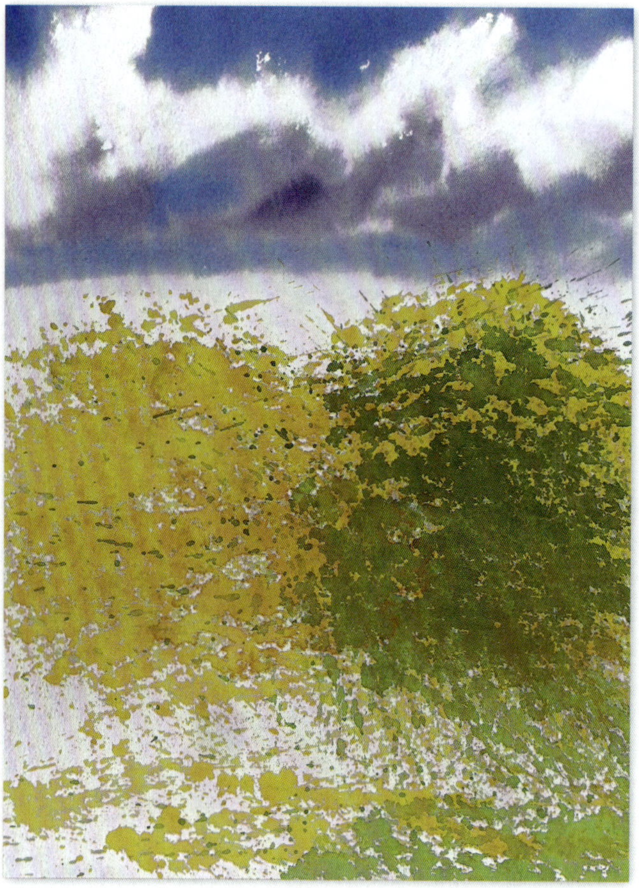

4. Schritt

Das Grün für die zweite Schicht gelingt dir mit Maigrün, Hookersgrün und Kobalttürkis. Decke den Himmelsbereich ab, damit die Bäume eine realistische Form annehmen. Konzentriere dich dabei auf die rechte Seite. Farbunterschiede zwischen rechts und links schaffen im Aquarell eine künstlerische Perspektive. Decke bei den nun folgenden Schritten den linken Bereich nicht ab. Mit dem fließenden Übergang erhältst du die Lockerheit im Aquarell. Verwende deine grüne Mischung auch auf der Wiesenfläche bis zum rechten unteren Bildrand.

5. Schritt

Modelliere mit Spritzern aus Kobalttürkis in gleicher Weise die linke Baumkrone. Das kalte Türkis steht kontrastreich dem Grünton gegenüber. Den linken unteren Bildrand kannst du für einen anderen Farbton noch weiß lassen. Mit dieser Aufteilung entwickeln beide Seiten eine unterschiedliche Farbigkeit. Verwende das ganze Spektrum deiner Farbpalette. Die entstehende Bildwirkung wird dich begeistern.

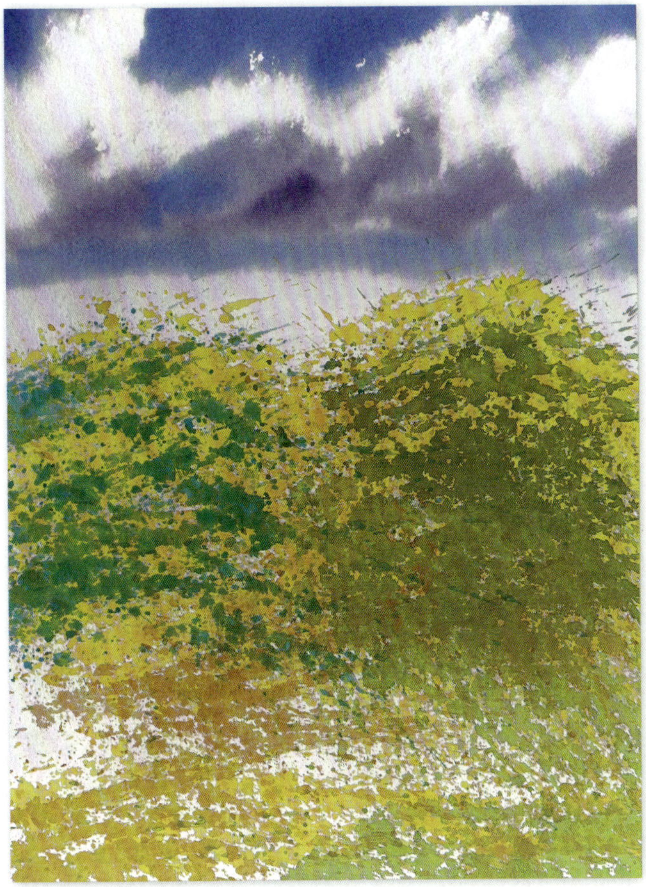

6. Schritt

Wähle warme Erdfarben für die untere linke Hälfte. Nur durch andere Farben kannst du die Uferböschung deutlich von den Bäumen abheben. So gelingt dir eine landschaftliche Tiefe. Mische Ocker natur mit Zitronengelb für die linke, noch weiße Fläche. Spritze mit Umbra natur über den linken unteren Bildrand. Braun- und Gelbtöne sind in der Landschaftsmalerei unerlässlich und steigern die Grüntöne.

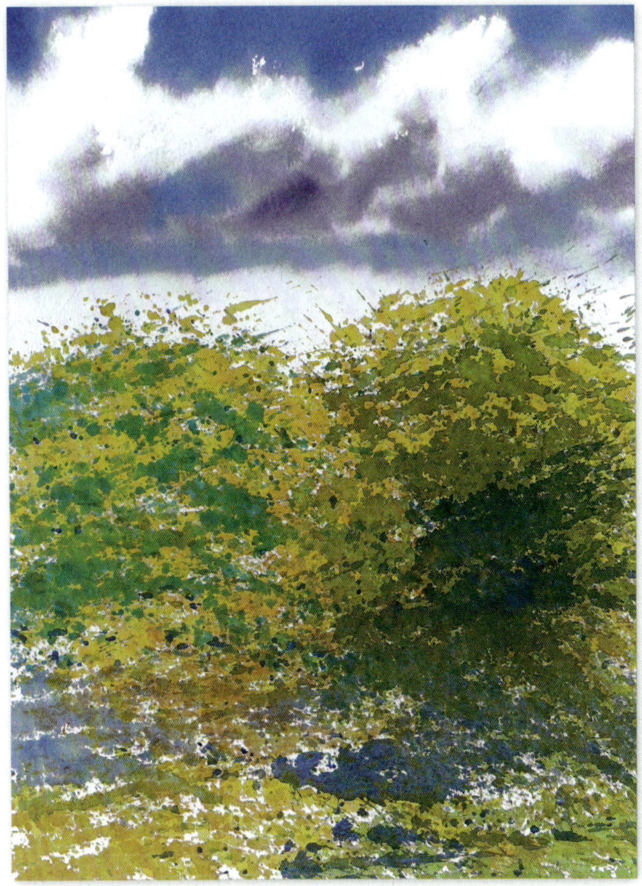

7. Schritt

Erhöhe mit unterschiedlichen Blautönen den Kontrast. Verwende für den Schattenbereich Ultramarin feinst mit einer kleinen Spur Brillant Blauviolett. Mit den Blautönen steigerst du den Komplementärkontrast zu den warmen Erdfarben. Für die Andeutung des Wassers in der unteren rechten Hälfte eignet sich hervorragend Pariserblau. Der Blauton am linken Rand liegt weiter entfernt. Wähle hier ein helleres Bergblau, das in der Landschaft ein Seeufer erahnen lässt.

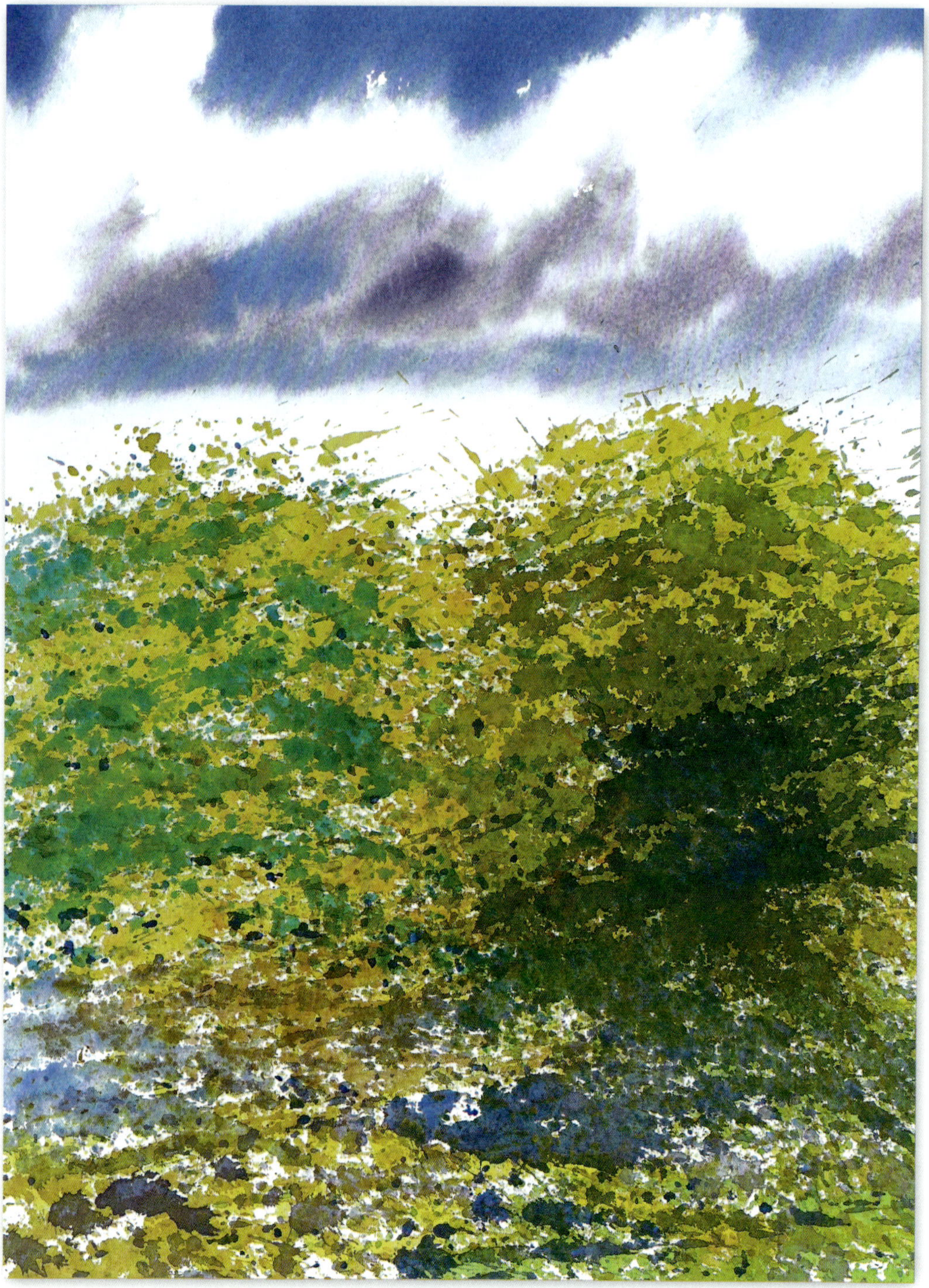

8. Schritt

Die untere Wiesenfläche gestalte mit grauvioletten und dadurch kontrastreichen Punkten. Titanweiß mit einer kleinen Spur Lampenschwarz und einem Hauch Ultramarinviolett lässt die grauen Flächen entstehen. Dir gelingt damit eine realistische Andeutung der Uferlandschaft. Verteile die Farbe spannungsreich und unterschiedlich über die gesamte untere Uferböschung. Die grauen Punkte formen sich mit aquarelliger Leichtigkeit zu Ufersteinen in einer sandigen Landschaft.

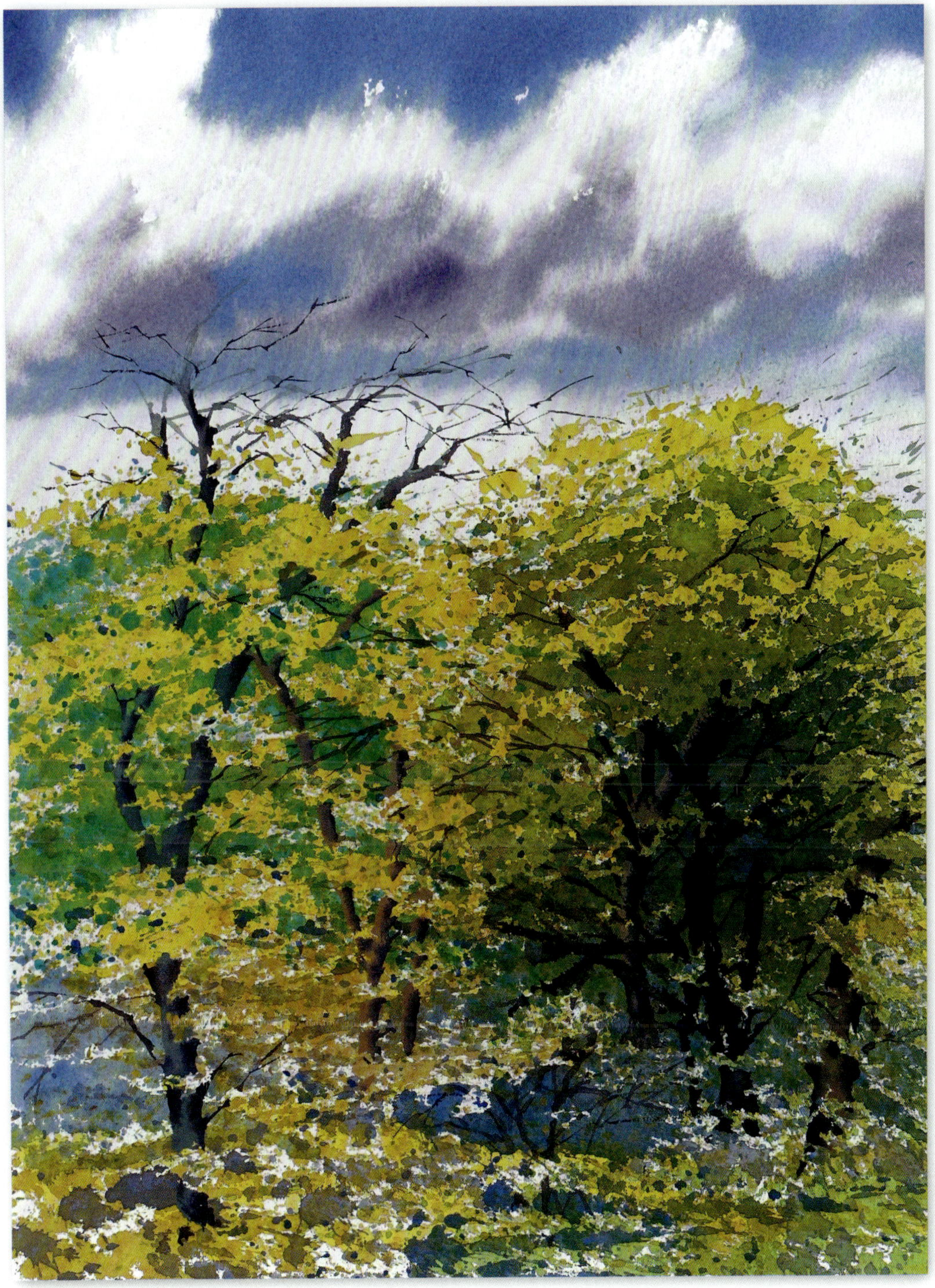

Fertiges Bild

Die durchscheinenden Baumstämme und Äste verwandeln die Farbflecken in ein faszinierendes Blattwerk. Experimentiere mit der Farbigkeit der Baumrinden. Du findest alle Farben in natürlichen und oft knorrigen Baumrinden. Übertrage die Vielfalt auf dein Aquarell. Der linke Baum strahlt in Graugrün, bestehend aus Titanweiß, Lampenschwarz und Hookersgrün. Der mittlere Baum formt sich durch Titanweiß und Siena natur, die rechte Astgruppe modellierst du mit Titanweiß und Vandyckbraun.

Bäume im Sturm

Du brauchst:

Aquarellpapier, rau, 300 g/m^2, 28 cm × 38 cm

Aquarellfarben in
- Zitronengelb
- Chromorangeton
- Lichter Ocker
- Maigrün
- Hookersgrün
- Grünoliv
- Bergblau
- Ultramarin feinst
- Ultramarinblau
- Kobalttürkis
- Neutraltinte

Malerkrepp

Bleistift, B6

Pinsel s. S. 8

Die neue Spritztechnik lässt alle Blattschichten volumenhafter wirken. Im Frühjahr erblühen die frischen Blätter der Bäume in unterschiedlichsten Farben. Frühjahrswinde wehen durch das lichte Blattwerk.

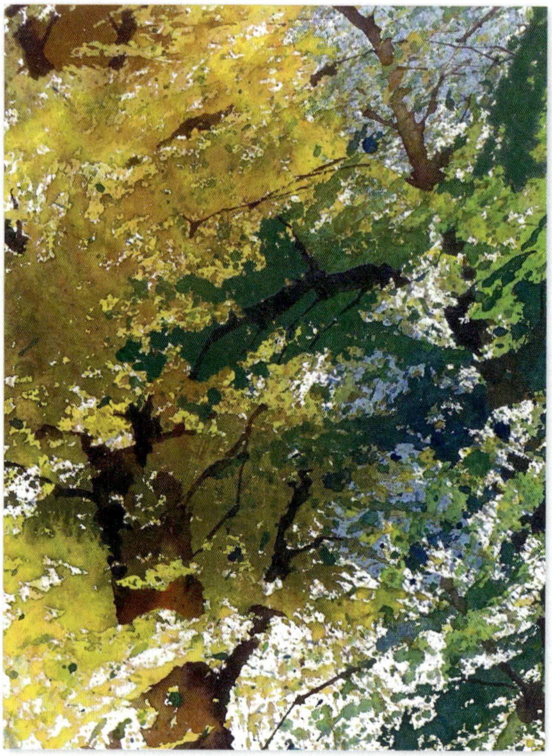

Detail 1

Spritze von links unten nach rechts oben Zitronengelb, Lichter Ocker und Maigrün. Der weiße Krakelier-Effekt und die Punkte sorgen für eine luftige Struktur und bilden eine Einheit mit allen anderen weißen Papierflächen. Das Weiß wird zum Bindeglied und es sorgt dafür, dass alle Farben auf dem Bild ineinander schwingen. Für das leuchtende Blau im Hintergrund verwende wieder Bergblau. Spritze auch bei dem zweiten grünen Baum mit Maigrün, Grünoliv und Hookersgrün in dieselbe Richtung. Die dunklen Spritzer bestehen aus Ultramarinblau und Kobalttürkis. In dem Ausschnitt erkennst du deutlich, dass die Stämme aus dunklen und hellen Farbnuancen bestehen. Verwende als erstes Chromorangeton und lasse dann von beiden Seiten Neutraltinte in die Farbe laufen. Für die übrigen Äste und Stämme verwende ebenfalls Neutraltinte.

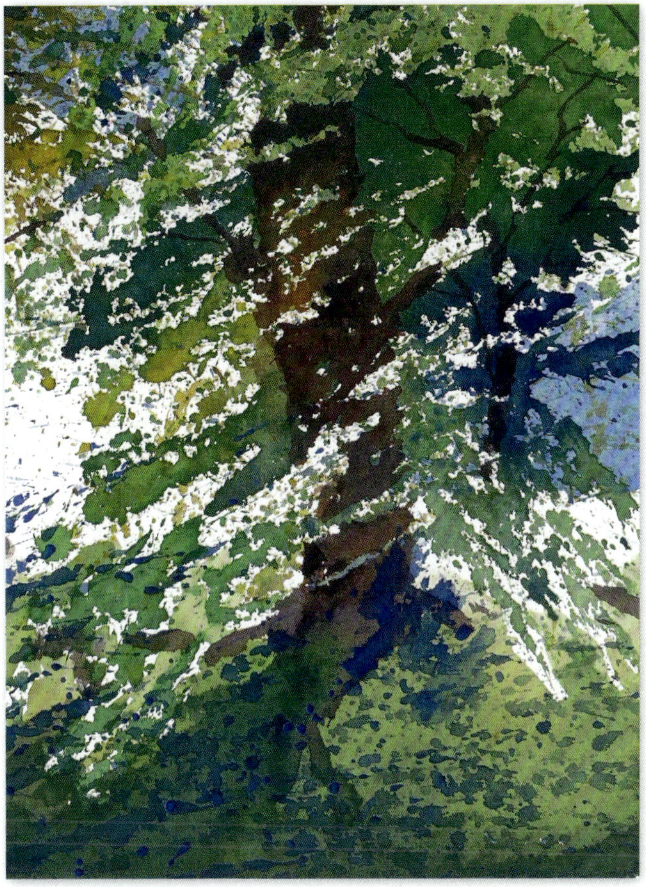

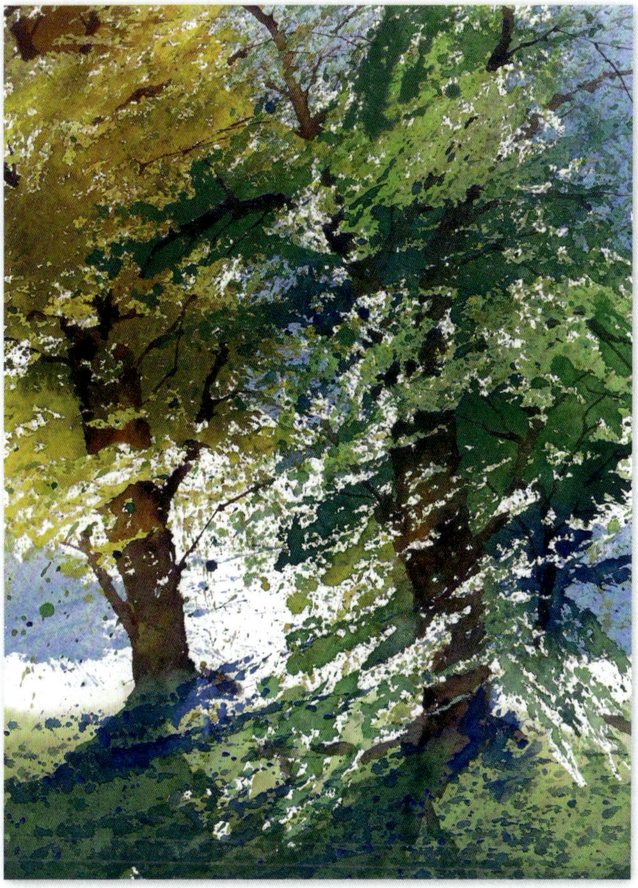

Detail 2

Um das Einfügen der Stämme und Äste in den Schattenbereich zu üben, konzentriere dich zuerst einmal auf die dunkelgrünen und dunkelbraunen Flächen. Die hellen Flächen schweben nun vor der dunklen Rinde und erhellen den Farbraum. Die Bergwiese gestalte komplett mit Zitronengelb, Maigrün und Hookersgrün und übersprühe sie mit Flecken aus Ultramarin feinst. Achte auf die Kante des hellgrünen Grashügels. Befeuchte die weiße Hügelkante zuerst mit klarem Wasser, dann entsteht ein gelbgrüner, unscharfer Übergang. Das Weiß wandelt sich plötzlich vom Papierhintergrund zum Licht.

Vorgehensweise

Wie ein Lichtsturm erhellen weiße Zwischenräume die Grünflächen im Aquarell. Angestrahltes Laub war schon immer ein Lieblingsmotiv in der Malerei. Die neue Technik entfaltet in diesem Aquarell ganz ihre faszinierende Wirkung. Die Dynamik der Spritzer überträgt sich auf die Bewegung der Blätter. Die Baumstämme ragen entgegengesetzt von rechts unten nach links oben. Diese gekreuzten Diagonalen machen die theatralische Umsetzung der Bäume erst richtig interessant. Gegenbewegungen und Diagonalen sind für den Bildaufbau wichtig.

Windgepeitschter Baum auf Kreta

Du brauchst:

Aquarellpapier, rau, 300 g/m², 28 cm × 38 cm

Aquarellfarben in
- Zitronengelb
- Ocker natur
- Siena natur
- Umbra natur
- Maigrün
- Hookersgrün
- Grünoliv
- Perylengrün
- Bergblau
- Ultramarin feinst
- Neutraltinte
- Paynesgrau bläulich

Malerkrepp

Pinsel s. S. 8

Am Strand von Kreta zog dieses Motiv meine Aufmerksamkeit auf sich. Ob Busch oder Strauch, konnte ich nicht klar ausmachen. Das Grün war zerzaust vom Meereswind und gefärbt von der südlichen Sonne. Ich saß vor ihm und erkannte die Kraft der einfachen Flächen, wie es vor mir bereits andere Künstler bei ähnlichen Motiven erkannt haben mögen. Mir hilft bei meinem Malprozess immer das Studium der Alten Meister. Über die Tradition gelange ich dann zu etwas Neuem.

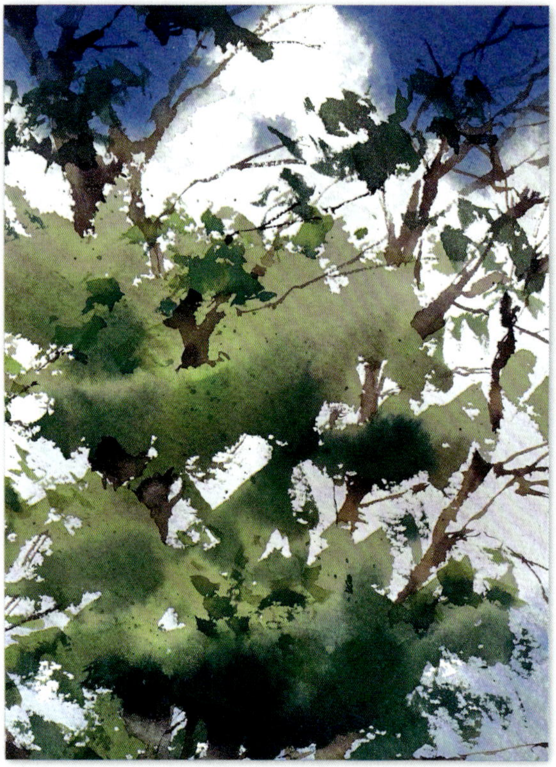

Detail 1
Gestalte mit einer hellen Mischung von Zitronengelb, Neutraltinte und Ocker natur horizontale Streifen mit gezackten Rändern. Vereinfache die Blätter zu einer Fläche, dann entwickelt die Farbe Leuchtkraft. Tupfe mit einem gespreizten, weichen Pinsel die Ränder so lange, bis sie wie herausragende, belaubte Astenden erscheinen. Trocknen die Flächen, dann beende die Modellierung. Der erste Farbauftrag ist in seiner Intensität unübertroffen. Jedes weitere Übermalen, wenn die Farbe abgetrocknet ist, trübt seine Wirkung. Setze, solange die Farbschicht noch feucht ist, eine dunkle Schattenzone aus Hookersgrün mit einer kleinen Spur Perylengrün an den unteren Rand.

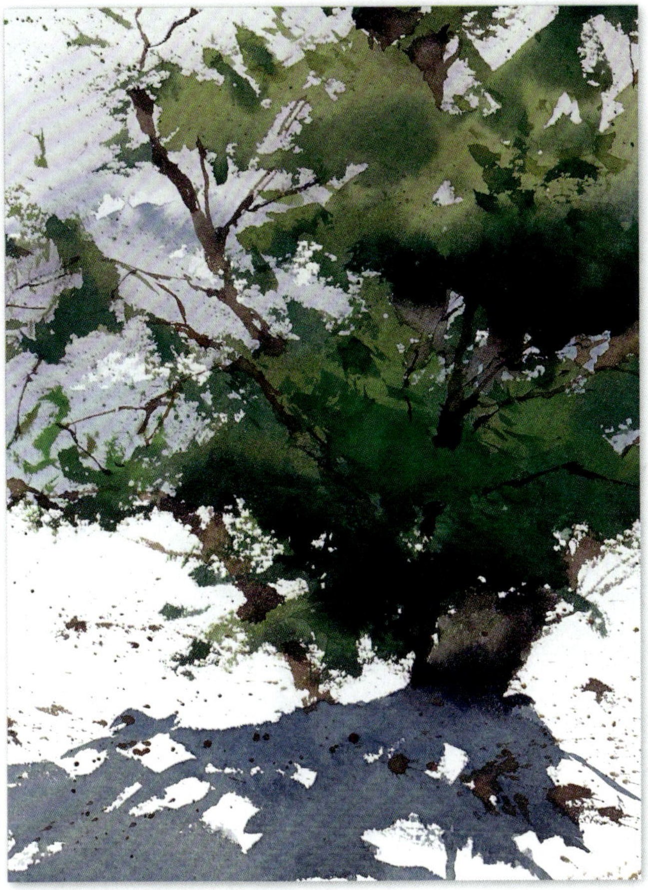

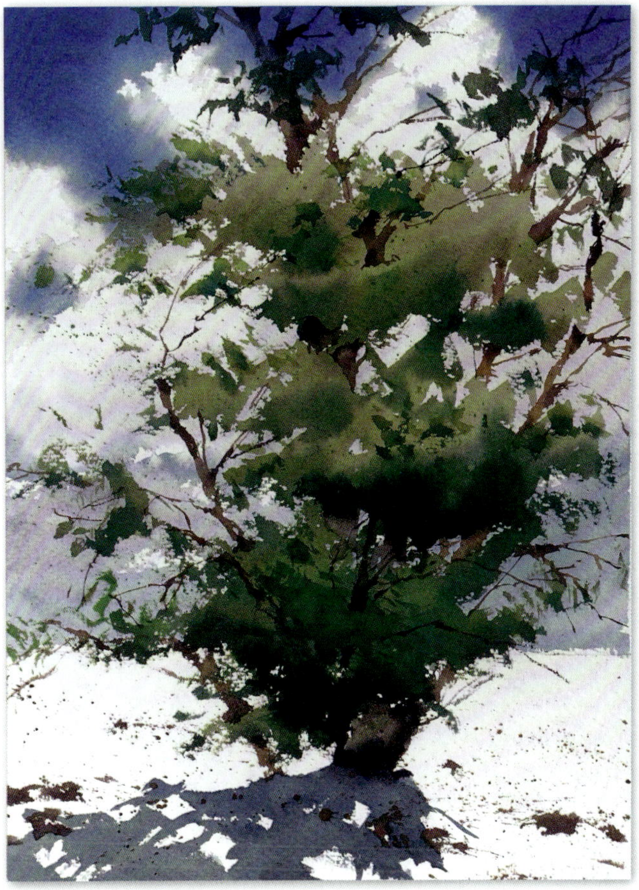

Detail 2

Verbinde die grünen Flächen mit Ästen und Stämmen. Füge sie in die Zwischenräume ein, und das Blattwerk schwebt voluminös und dreidimensional im Bild. Erforsche dabei die Braun- und Grautöne deines Farbkastens. Male das Astwerk nicht in einem einheitlichen Farbton. Wichtig sind immer kleine Tupfer von Vandyckbraun, Paynesgrau bläulich oder Neutraltinte, die einen fließenden Übergang zu den Blätterschatten bilden. Der fließende Übergang ist auch bei dem blauen Bodenschatten aus Ultramarin feinst und Neutraltinte entscheidend. Fehlt der Verlauf vom Dunkelbraunen ins Blaue, dann wächst der Baum nicht aus dem mit Licht gefluteten Sand, sondern hängt verbindungslos in der Luft. Der Schatten bildet eine aufsteigende Diagonale von links unten zum Stamm in der Mitte. Der hell beschienene Sandboden erscheint nun räumlich und kommt dir entgegen. Male noch aus Umbra natur vereinzelt lockere und braune Steine über die hell erleuchtete Fläche.

Vorgehensweise

Das Aquarell lebt durch ein Spiel von Flächen, Linien und Zwischenräumen. An dem Bild kann man auch wichtige Faktoren der Kompositionslehre studieren. Das obere Himmelsblau aus Ultramarin feinst und warmen Schleiertönen geht in eine weiße Wolkenzone über. Zum Horizont hin verändert sich das Weiß in einen pastelligen Ton aus Bergblau. Im mit Licht gefluteten Boden wiederholt sich das Wolkenweiß, was wiederum durch den Baumschatten und die braunen Steine aus Umbra natur gemischt mit Siena natur eingerahmt wird. Die Stämme und Äste wachsen nie kerzengerade, sondern neigen sich und sind nach links und rechts gebogen. Die Gesamtform der Pflanze ist aus der Mitte versetzt. Sowohl die Farbe als auch die Abstände der Äste variieren leicht und sehen somit natürlich aus. Mit abschließenden Blattakzenten aus Maigrün, Hookersgrün und Grünoliv kannst du die hellgrünen Flächen noch räumlicher und floraler aussehen lassen.

Park im Nebel

Du brauchst:

Aquarellpapier, rau, 300 g/m², 28 cm × 38 cm

Aquarellfarben in
- Ocker natur
- Maigrün
- Hookersgrün
- Grünoliv
- Perylengrün
- Neutraltinte
- Lampenschwarz

Malerkrepp

Bleistift, B6

Pinsel s. S. 8

Ich nutze oft die Morgenstunden für einen Spaziergang durch die Natur. Das Licht regt meine Fantasie an und erzählt geheimnisvolle Geschichten. Vor allem auf Reisen treibt es mich früh aus dem Hotelzimmer.
Bei diesem Motiv hingen Nebelschwaden schwer in den Bäumen eines Parks nahe dem Amsterdamer Hafen. Nur langsam hoben sich die Dunstschleier in den Morgenstunden. Gibt es einen Motivtyp, der für das Aquarell wie geschaffen ist, dann sind es verschleierte und unscharfe Nebellandschaften.

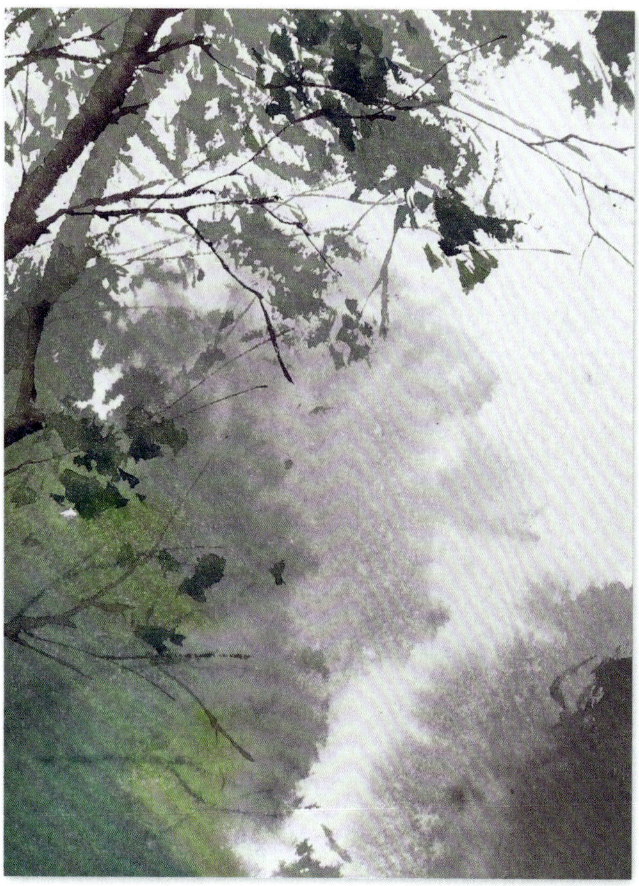

Detail 1
Wähle einen dicken Pinsel, der viel Wasser aufnimmt. Übermale das ganze Blatt mit einer sehr wässrigen hellgrauen Fläche aus Neutraltinte und Lampenschwarz. Male in die noch feuchte Fläche mit einem dicken, weichen und gespreizten Naturhaarpinsel graue Bäume. Sie sollen sich nur minimal vom Untergrund abheben. Mit der Restfeuchtigkeit des Blattes vervollständige den Park mit Grünoliv, Maigrün und Hookersgrün. Diese Vorgehensweise führt zu einer brillanten Wechselwirkung zwischen Schärfe und Unschärfe.

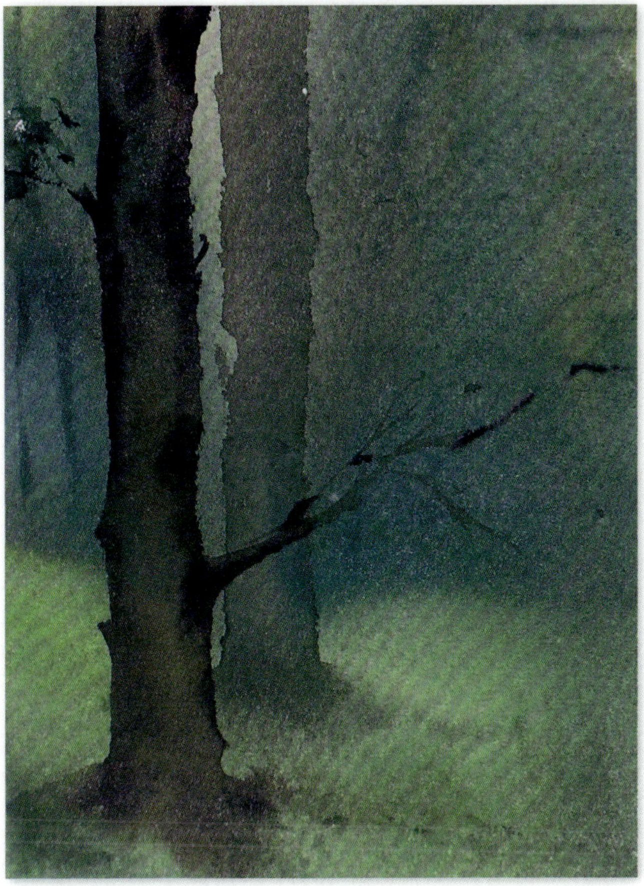

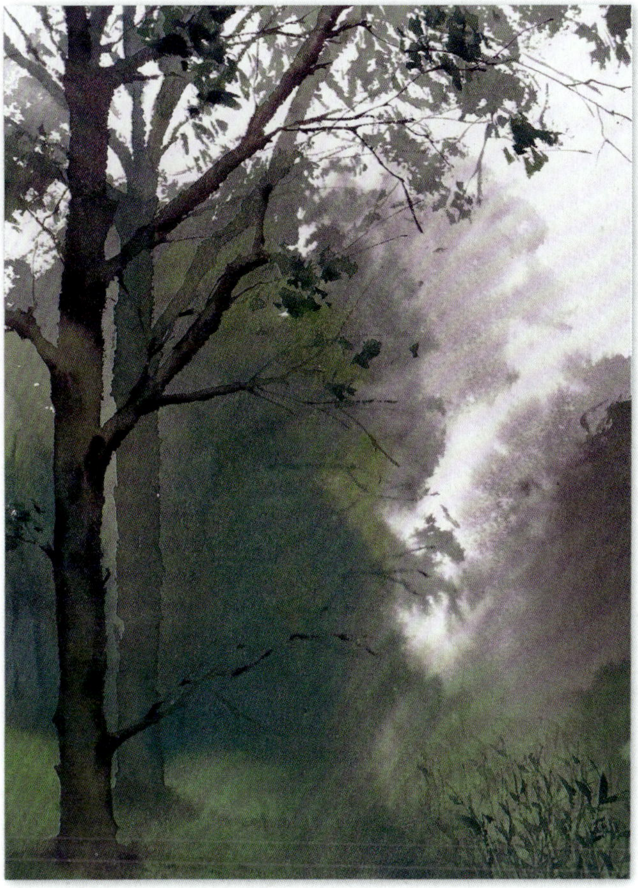

Detail 2

Die beiden Stämme stehen durch ihre klaren Umrisse im Vordergrund. Der diesige Garten rückt in die Ferne, und es entsteht eine geheimnisvolle Morgenstimmung. Lasse die Bäume unscharf in die Wiese auslaufen. Haben die Wurzeln zu viele klare Ränder, dann wirken sie ausgeschnitten und schweben über dem Bild. Warte, bis die Farbe trocken ist und gestalte mit einem dünnen Pinsel und sehr wässrigem Perylengrün die entfernte Linde. Ist auch sie getrocknet, dann modelliere mit Perylengrün, Neutraltinte und Ocker natur den vorderen Laubbaum.

Vorgehensweise

Gelingt dir das Spiel zwischen Schärfe und Unschärfe, dann offenbart sich eine stimmungsvolle Atmosphäre, die an die feinen Wassertropfen aufsteigender Nebelschwaden erinnert. Hier verbindet sich im wahrsten Sinne des Wortes die Aquarelltechnik mit der feuchten Luft. Spare bei den Dunkelheiten nicht mit Pigment. Verwendest du zu wenig Farbe, so geraten die Kontraste zwischen den Grüntönen zu blass. Mehrere Versuche lohnen sich auf jeden Fall, denn das Motiv hilft dir, ein Gefühl für die richtige Papierfeuchtigkeit zu bekommen.

Sommerlichtung

Du brauchst:

Aquarellpapier, rau, 300 g/m^2, 28 cm × 38 cm

Aquarellfarben in
- Kadmiumgelb hell
- Siena natur
- Kastanienbraun
- Maigrün
- Hookersgrün
- Perylengrün
- Ultramarin feinst
- Neutraltinte

Malerkrepp

Maskierflüssigkeit

Bleistift, B6

Pinsel s. S. 8

Wie verwandelst du ein Blättermeer in ein spannendes Aquarell? Durch eine übertriebene Aufreihung einzelner Blätter kann das Bild schnell seinen wässrigen Charme verlieren. Dieses Beispiel erfasst die Stimmung der vom Licht beschienenen Blätter, ohne dass es zu sehr ins Detail gehen muss.

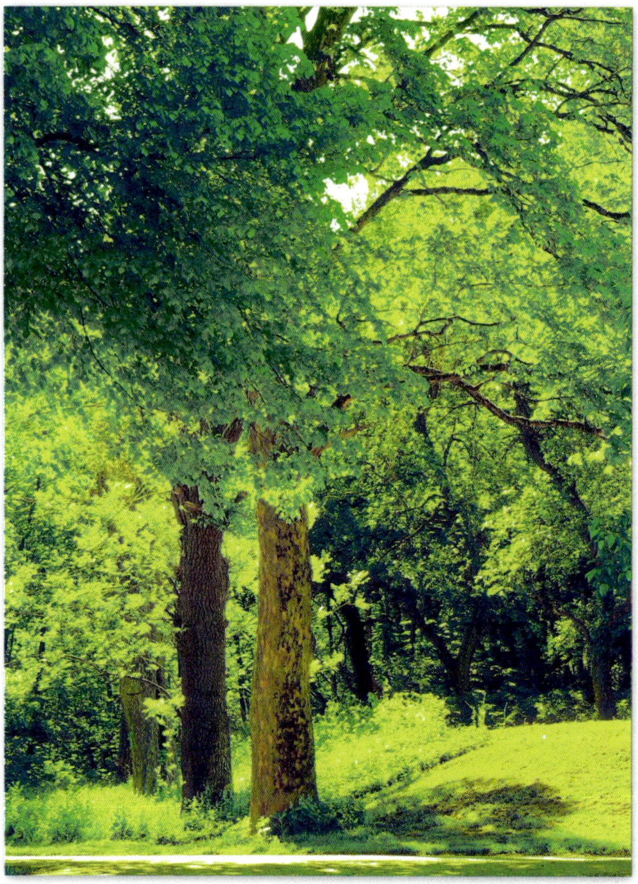

Motivvorlage
Ein Blätterwald badet sich im Sommerlicht. Die Szenerie ist von Helligkeit durchflutet. Dunkle und intensive Grüntöne ragen in die Mitte des Bildes. Die Komposition des Ausschnittes ist äußerst interessant. Zwei Diagonalen bestimmen den Landschaftsausschnitt. Ein lichtdurchflutetes, gelbliches Blätterdach, das von links unten nach rechts oben reicht, verzaubert die Allee. Ein tiefgrüner Streifen durchzieht das Bild von links oben in die rechte untere Hälfte. Die Hell-Dunkel-Aufteilung verleiht dem Motiv eine fast abstrakte Tiefenwirkung.

1. Schritt

Spritze mit einem Pinsel die blauen Himmelsflächen des Waldmotivs. Klopfe hierfür den in Farbe getauchten Aquarellpinsel auf einen anderen Pinselstiel. Mit dieser Technik kannst du sehr gezielt die Flächen gestalten. Male nach dem Spritzen den blauen Durchblick in der Mitte zu einer Fläche aus. Nur noch wenige weiße Punkte sollen in der Farbe hervorblitzen. Betrachte genau das Blau auf deinem Motivfoto. Entscheidend ist die Richtung der auslaufenden Spritzer. Sie geben der Komposition einen wichtigen räumlichen Zusammenhang. Einige blaue Farbspritzer landen auch in der unteren Bildhälfte. Sie verbinden sich aber problemlos mit den weiteren Farbschichten.

2. Schritt

Nun fülle das Aquarellblatt mit gelben, lockeren Spritzern aus Kadmiumgelb hell, bis das ganze Blatt fast bedeckt ist. Wichtig in diesem Motiv ist die rechte mittlere Fläche. Sie lenkt das Auge des Betrachters in die Tiefe des Walddickichts. Die Stelle sollte am Ende eine fast geschlossene, gelbe Fläche ergeben. Die im Motiv hervor leuchtenden Äste mit vereinzelten Blättern sind nun ganz in Gelb getaucht. Die linke Fläche des Aquarellblattes muss hingegen offen und nur leicht bedeckt sein. Hier spielt das erhaltene Weiß des Papiers noch eine entscheidende Rolle. Schütze mit Maskierflüssigkeit den in der Mitte stehenden dominanten Baumstamm.

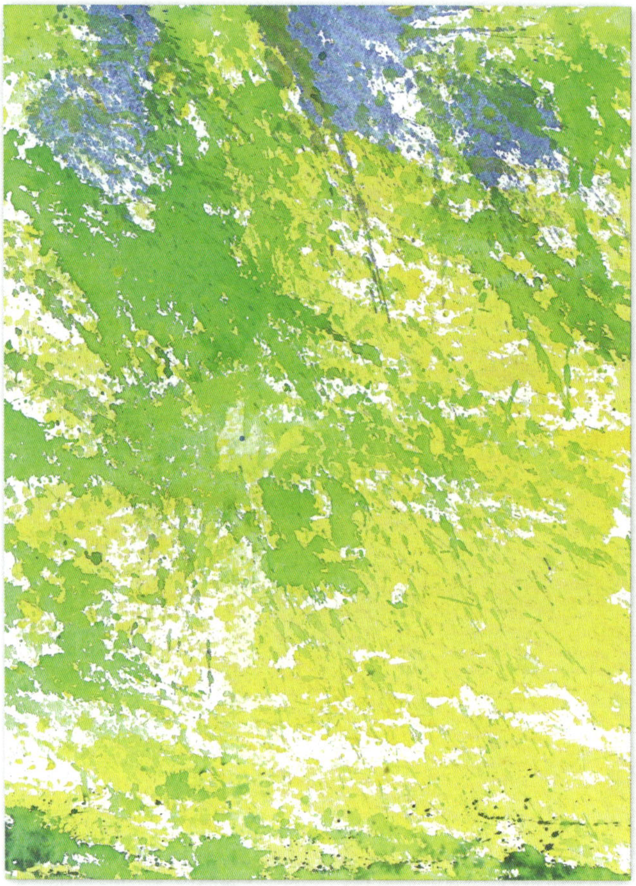

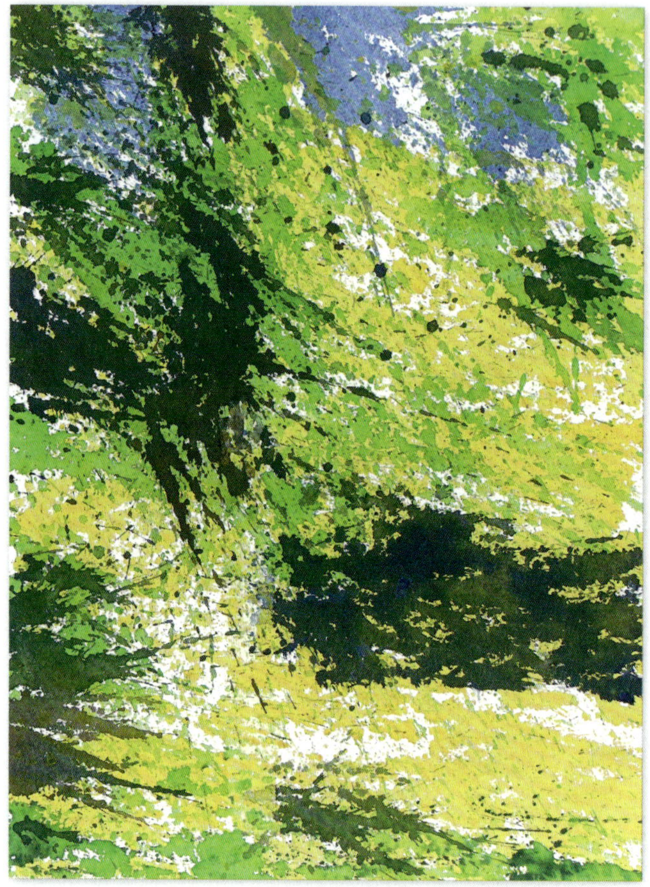

3. Schritt

Verdichte nun die linke mittlere Bildhälfte mit einer Mischung aus Maigrün und Spuren von Hookersgrün. Mit derselben Farbe gestaltest du den unteren Bildrand. Wenn du die Technik übst, dann ist es für dich ein Leichtes, nur noch mit vereinzelten Spritzern die gelben Flächen rechts zu treffen und zugleich zu beleben. Durch diese Vermischung und Überlagerung ergeben alle Flächen eine Einheit. Verbinde in der linken oberen Hälfte die grünen Tropfen zu einer Fläche. Das erreichst du leicht, indem du mit der Pinselspitze die einzelnen Tropfen ineinander malst.

4. Schritt

Verwende für den letzten Spritzvorgang die dunklen Töne Ultramarin feinst und Perylengrün. Gestalte damit die dunkle Baumgruppe rechts. Die Schattenbereiche links oben verleihen dem Blätterdach die nötige Tiefe und den entscheidenden Kontrast. Die gelben Spritzer wirken nun sonnendurchflutet und treten dem Betrachter entgegen. Die Aufteilung der Hell-Dunkel-Werte prägt entscheidend das Motiv. Die hellen und dunklen Farbspritzer liegen abwechslungsreich über dem Blatt und schaffen eine interessante Räumlichkeit.

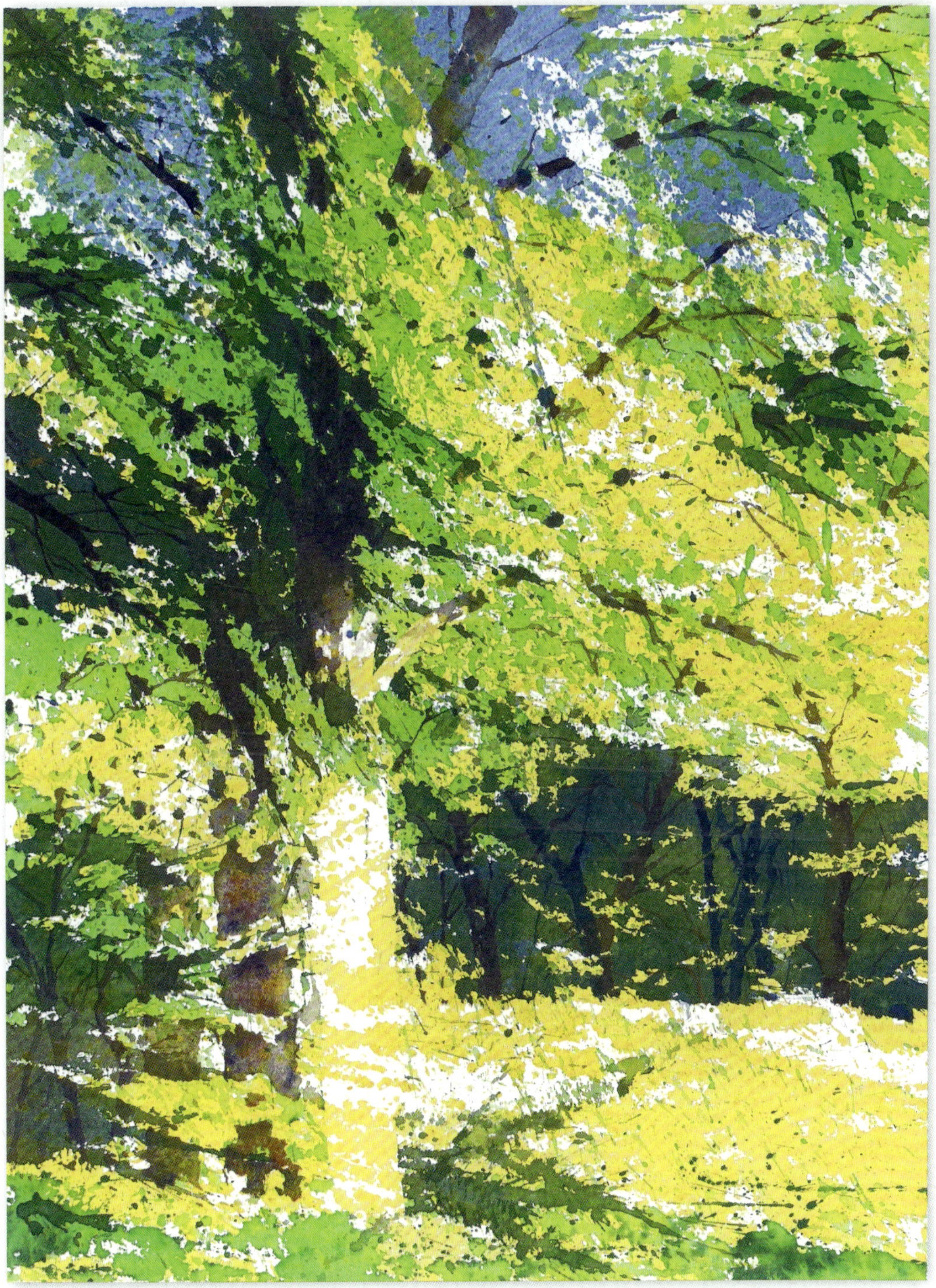

Fertiges Bild

Entferne die Maskierflüssigkeit aus dem Bild. Anschließend aquarelliere in die dunklen und grünen Felder die Stämme und das Astwerk des Waldgebietes. Tauche dazu deinen Pinsel in Neutraltinte, Siena natur und Kastanienbraun. Male die Striche konsequent vom Anfang der dunklen Flächen bis zum Ende der dunklen Schatten und spare die lichten Stellen aus. Die hellen Spritzer, die zuerst auf dem Papier waren, treten jetzt nach vorn, und es entsteht eine optische Umkehrung. Die zufällig gesetzten Farbpunkte unterstützen die spielerische Leichtigkeit des Aquarells. Lasse den von der Maskierflüssigkeit befreiten vorderen Baum weiß. Achte bei der Umsetzung auf das Licht des Aquarells und kopiere nicht das Foto.

Wiesenrand

Du brauchst:

Aquarellpapier, rau, 300 g/m², 28 cm × 38 cm

Aquarellfarben in
- Titanweiß
- Zitronengelb
- Bergblau
- Ultramarin feinst
- Ultramarinblau
- Kobalttürkis
- Brillant Blauviolett
- Neutraltinte
- Lampenschwarz

Malerkrepp

Bleistift, B6

Pinsel s. S. 8

Ein Aquarell kann in hohem Maße abstrakt sein und trotzdem die Realität wiedergeben. In diesem Beispiel wiederholen sich die Grünklänge der Baumkronen im farbigen Acker und in den angrenzenden Grünflächen. Entdecke mit dem Aquarell den farbigen Zusammenhang. Alle Grünflächen ergänzen sich nämlich in ihrer Farbigkeit. Wenn du die Baumstämme geschickt setzt, dann verwandelst du das Farbmuster in einen Laubwald.

1. Schritt
Wenn die Baumgruppe bis zur Hälfte des Aquarellblattes reicht, wird der Himmel zu einem wichtigen Bildteil. Forme mit einer hellen gelblichen Mischung aus den Resten deiner Farbschlieren dramatische Wolkenspitzen und färbe mit Bergblau die noch feuchte Farbschicht ein. Wische mit einem breiten Pinsel die sich bildenden Farbtropfen nach oben weg, bevor der rauchige Gelbton von dem sich nach unten ausbreitenden Bergblau völlig aufgesogen wird. Wenige Bleistiftlinien reichen, um die Höhe der Bäume festzulegen.

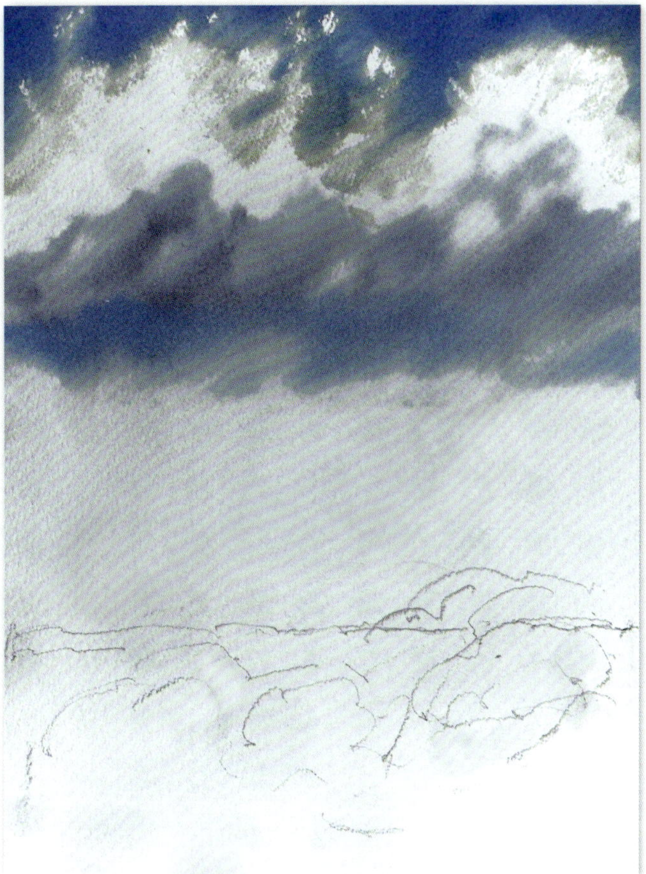

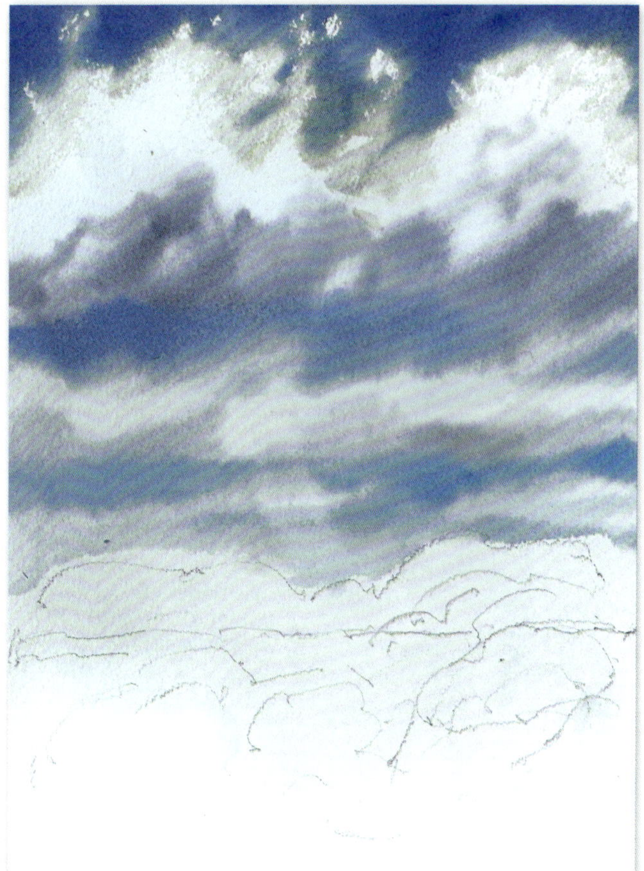

2. Schritt

Feuchte das weiße Aquarellpapier unterhalb den gelben sich aufbäumenden Wolkenspitzen mit reinem Wasser an. Durch die Feuchtigkeit des Papiers verfließen die Ränder der Wolkenschatten unscharf und wirken leuchtend und schwebend. Für die Wolkenschatten verwende Neutraltinte und Ultramarin feinst. Darunter bricht wieder der Himmel durch die Wolkendecke. Achte auf die Feuchtigkeit der grauen Wolkenstufen. Fügst du mit dem dicken Naturhaarpinsel einen breiten Pinselstrich aus Bergblau darunter, dann bleibt der schwebende Charakter der Wolkenschichtungen erhalten.

3. Schritt

Studiere für diese Abstufungen bis zum Horizont zuvor die Wolkenschichten in der Natur. Das Blau wird zu den Baumkronen hin immer grünlicher, bis die Luft türkis leuchtet. Die zweite, schmalere Dunstschicht läuft unscharf und nebelig aus, wenn du den Himmel weiter nass in nass nach unten fortführst. Mische einen Tropfen Kobalttürkis in das Bergblau. Mit diesen Farbabstufungen verewigst du den Himmel auf deinem Aquarell. Schließe den Himmel mit hellen Wolkenschleiern über den Baumspitzen ab.

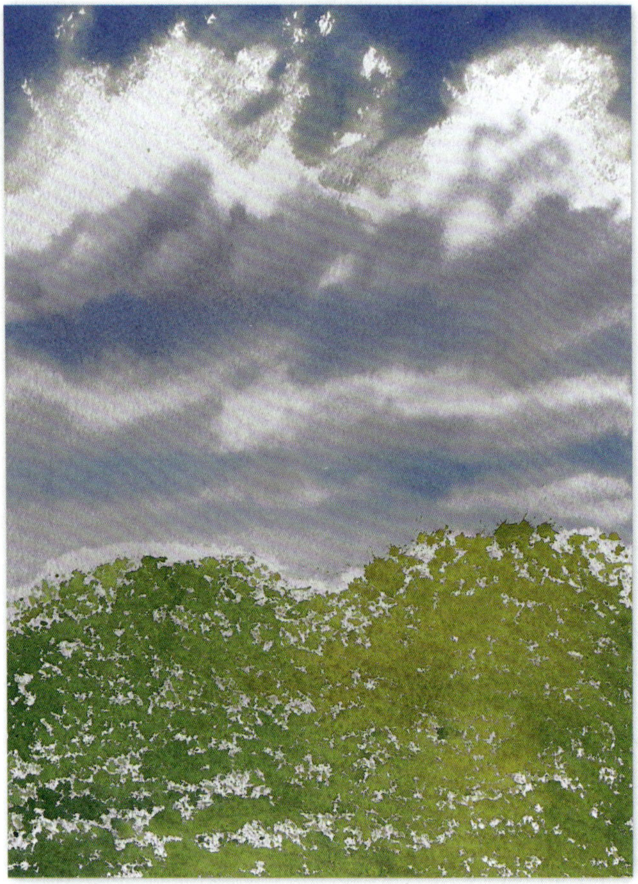

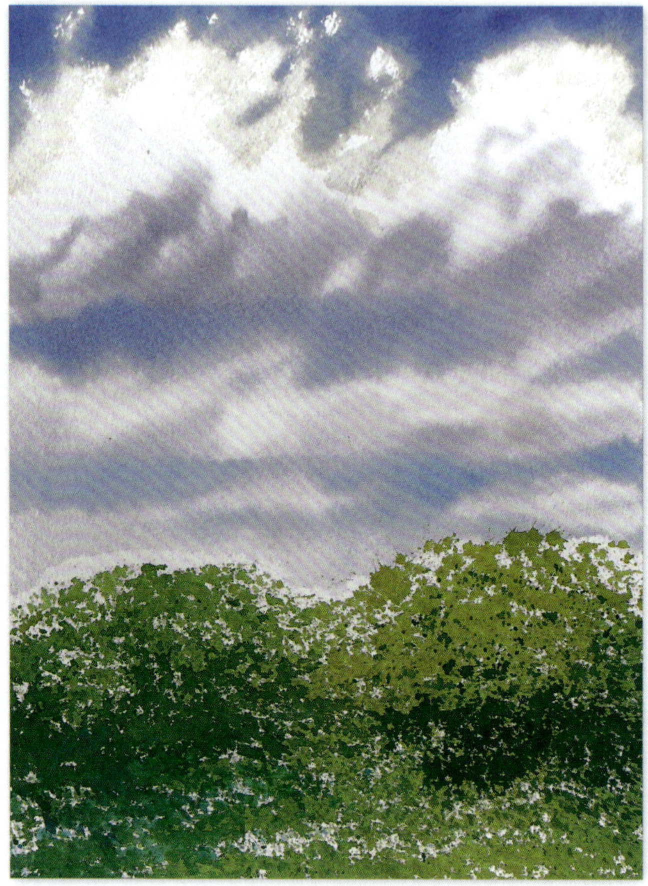

4. Schritt

Spritze mit Zitronengelb, aufgehellt mit Maigrün, die rechte Baumgruppe bis zum unteren Bildrand. Nach oben kann die Grünfläche lichter werden. Füge mit Maigrün und Hookersgrün die linke Baumgruppe in die noch feuchte, rechte hellgrüne Fläche. Die Farben fließen ineinander und ergeben sehr schöne Zwischentöne. Diese sanften Übergänge führen zu einem einheitlichen Farbklang. Verdichte die Fläche nicht völlig mit den Grüntönen und lasse vereinzelt weiße Punkte stehen.

5. Schritt

Nur mit wenigen, gezielt gesetzten, dunkelgrünen Nuancen verwandelst du die Fleckenstruktur in ein Landschaftsbild. Es ist schon verblüffend, wie schnell unsere Fantasie in diesem großen und kleinen Grünmuster Natur entdeckt. Für die dunkelgrüne Verdichtung rechts benötigst du Hookersgrün, abgedunkelt mit Perylengrün. Variiere die anderen Grünakzente für einen gelungenen Farbklang. Der linke Schatten besteht aus Hookersgrün. Mit einem wässrigen Kobaltgrün türkis belebst du die linke untere Ecke.

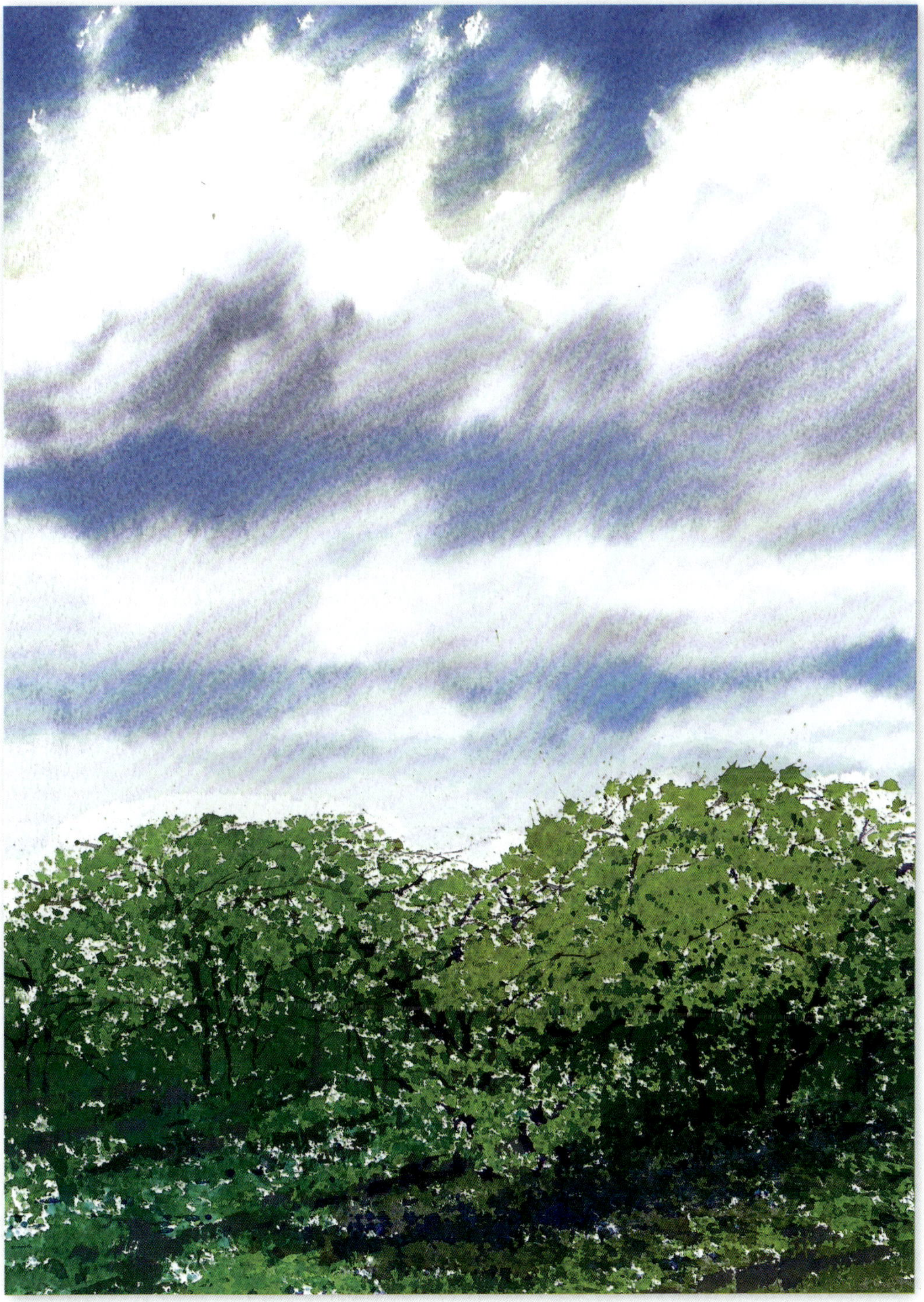

Fertiges Bild

Mit leichten diagonalen Furchen kannst du den Waldgrund malerisch in Szene setzen. Verwende unter der rechten Baumreihe Ultramarinblau mit einer Spur von Brillant Blauviolett. Die bläulichen Grautöne gelingen dir mit Titanweiß, einem kleinen Anteil Lampenschwarz und Brillant Blauviolett. In diesem Aquarell erkennst du deutlich, wie kleine Punkte ein impressionistisches Flimmern über die Landschaftsstimmung legen. Gestalte die Baumstämme unterschiedlich mit Neutraltinte. Male die Bäume in der linken Bildhälfte schmaler, lichter und mit verdünnter Neutraltinte. Versehe die rechte, im Vordergrund befindliche Baumgruppe mit stärkeren Stämmen und intensiver Neutraltinte. Auf diese Weise gelingt dir eine Weite in der Landschaft.

Kleiner Wald am Wiesenrand

Du brauchst:

Aquarellpapier, rau, 300 g/m^2, 28 cm × 35,5 cm

Aquarellfarben in
- Zitronengelb
- Kadmiumgelb hell
- Ocker natur
- Siena natur
- Maigrün
- Hookersgrün
- Grünoliv
- Perylengrün
- Bergblau
- Ultramarin feinst
- Ultramarinblau
- Kobalttürkis
- Brillant Rotviolett
- Neutraltinte
- Vandyckbraun

Malerkrepp

Bleistift, B4

Pinsel s. S. 8

Das zufällige Farbgesprenkel ermöglicht es dir, auch niedrige und weit entfernte Baumreihen in die Landschaft zu integrieren. Nimm die gezeigten Beispiele als Anregung und entwickle sie weiter. Auf diese Weise werden die unterschiedlichsten Baummotive gelingen.

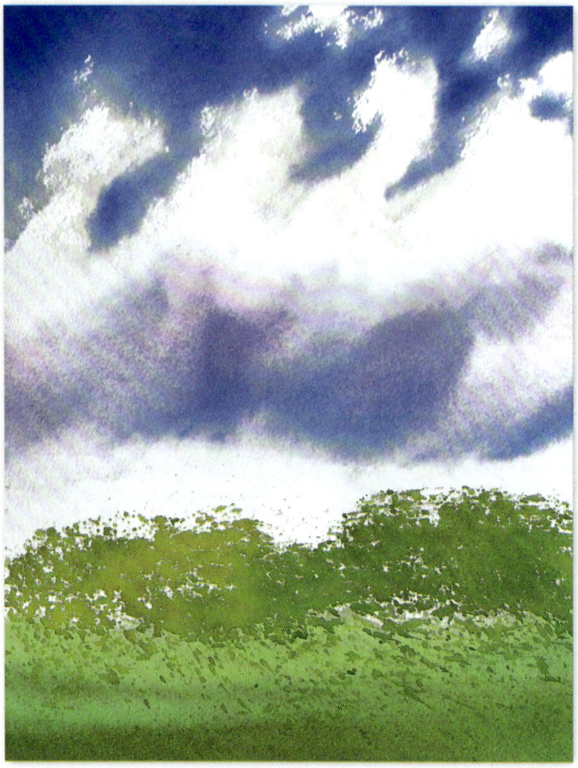

1. Schritt

Aquarelliere die Wolkenformation in gewohnter Weise. Die aufziehende Wolkenfront kannst du am oberen Bildrand mit hellgelben Farbschlieren aus deiner Palette und einer Mischung aus Bergblau und Ultramarinblau entstehen lassen. Experimentiere mit der Färbung der dunklen Wolkenschicht. An diesem Beispiel siehst du, was passiert, wenn in eine sehr helle Mischung aus Neutraltinte und Ultramarin feinst eine Spur Brillant Rotviolett einfließt. Die Grasfläche resultiert aus den Einfärbungen durch Zitronengelb, Maigrün, Grünoliv und einem minimalen Anteil von Siena natur. Das Baumgrün, das du im Beispiel siehst, setzt sich aus Kadmiumgelb hell, Maigrün und Grünoliv zusammen. Verwende erst einen dicken Pinsel und für den Randbereich dann einen dünnen.

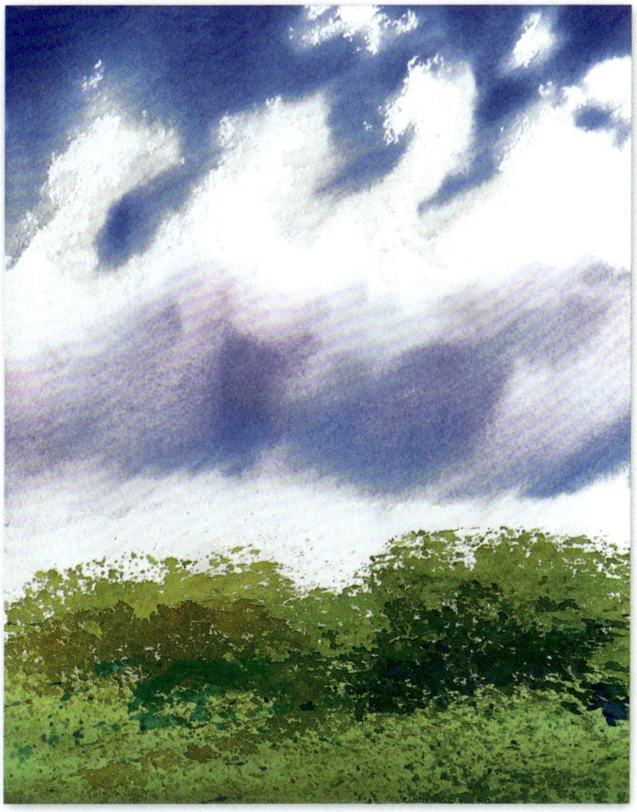

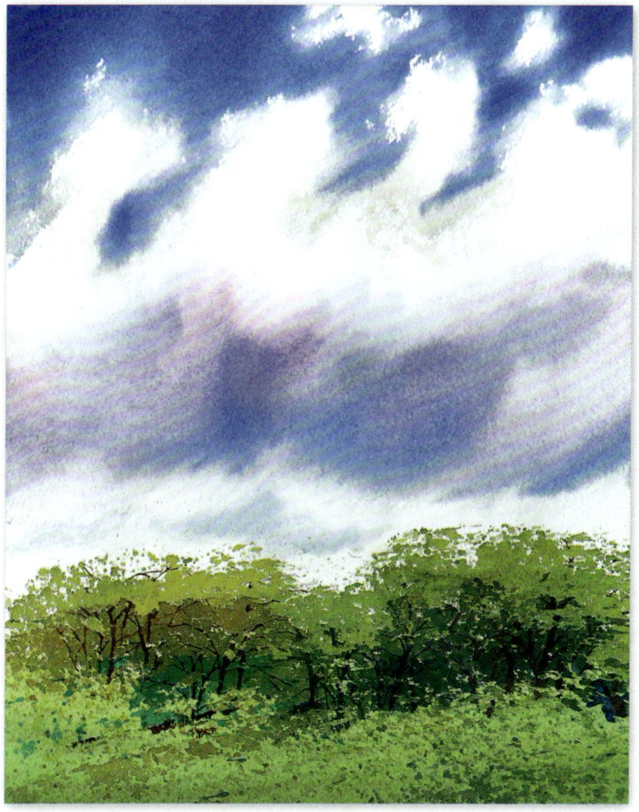

2. Schritt

Jetzt bedarf es nur weniger dunkler Spritzer für die niedrigen Baumgruppen. Wage dich nun an die unterschiedlichsten Farbkontraste. Decke zuvor die obersten Spitzen der Baumkronen mit einem schmalen Kartonstreifen ab. Das linke, weiter entfernte Unterholz bekommt mit hellem Kobalttürkis und einer Mischung aus Ocker natur und Grünoliv ein eigenwilliges Aussehen. Für die rechte Seite reichen schon ein sattes Grünoliv und Perylengrün, gemischt mit Ultramarinblau als deutlicher Kontrast. Lege die feinen Spritzlinien auch über die Wiese und verbinde die Bäume mit der Grasfläche.

Fertiges Bild

Die Flecken erschaffen einen niedrigen Mischwald aus Laubbäumen. Du kannst das Bild jetzt schon als fertig betrachten. Was mich immer wieder begeistert, ist die Wirkung der Äste. Die daraus resultierende Räumlichkeit ist verblüffend und verändert das Aquarell fundamental. Verwende auch hier nicht nur eine Farbe, sondern nutze die ganze Bandbreite deiner dunklen Töne. Links passt sich Brillant Rotviolett den gelben Tönen an, die niedrige Baumgruppe in der Mitte eignet sich für Hookersgrün gemischt mit Ultramarinblau. Die rechte und größte Baumansammlung rückt durch Stämme in Vandyckbraun in den Vordergrund. Neige alle Bäume leicht in die eine oder andere Richtung und achte dazwischen immer wieder auf größere Abstände.

Frühlingsgewitter

Du brauchst:

Aquarellpapier, rau, 300 g/m^2, 38 cm × 28 cm

Aquarellfarben in
- Siena natur
- Maigrün
- Hookersgrün
- Olivgrün gelblich
- Perylengrün
- Bergblau
- Ultramarin feinst
- Ultramarinviolett
- Kobalttürkis
- Lampenschwarz

Malerkrepp

Bleistift, B4 oder B6

Pinsel s. S. 8

Ich veranschauliche dir mit diesem Bild den skizzenhaften Charakter des Aquarells, indem grüne Flecken nur angedeutet sind und es der Fantasie des Betrachters überlassen ist, darin blühende Bäume zu entdecken. Platzierst du die Bäume richtig, dann breitet sich vor dir eine weite Landschaft aus.

1. Schritt

Lege mit einem weichen Bleistift B4 oder B6 den Horizont und die Baumgruppen an. Die Anzahl der Bäume und die Höhe des Horizonts tragen maßgeblich zur Ausstrahlung des Bildes bei. Achte für die lebendige Abwechslung in der Komposition auf größere Baumgruppen, die du vereinzelt den verstreuten Bäumen gegenüberstellst. Die Abstände sind für die Bildwirkung immens wichtig. Verwende für die erste Wolkenfront helles, wässriges Siena natur mit Lampenschwarz, für den Himmel Bergblau und modelliere die Wolkenschatten aus Ultramarin feinst, Lampenschwarz und Siena natur.

2. Schritt

Frühjahrsstürme wehen übers Land. Die Landschaftsstimmung steigerst du mit einem dramatischen Himmel. Die schmalen Wolkenschichten in der Tiefe suggerieren ein unendlich weites Firmament. Der Theatralik entsprechend, kannst du mit dunklen Grautönen die mächtigen Regenwolken steigern. Tauche deinen Pinsel in eine helle Mischung aus Siena natur, Lampenschwarz, Ultramarinviolett, Neutraltinte und Bergblau. Setze die kleinen Himmelsdurchblicke in der Ferne am Schluss mit Bergblau in die noch feuchte Schicht.

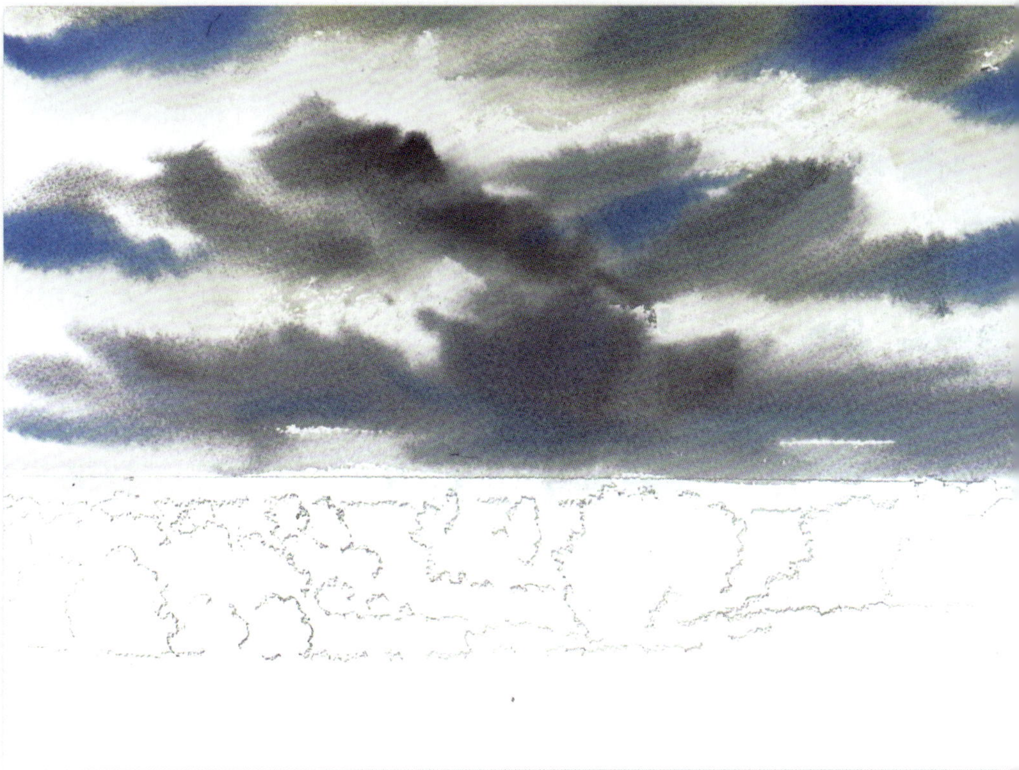

3. Schritt

Ist der Himmel abgetrocknet, kannst du mit der weiten Wiesenfläche beginnen. Lasse aber einen 3 mm breiten weißen Horizontstreifen frei. Mische mit einem breiten Pinsel Maigrün und Hookersgrün ineinander und ziehe die Fläche bis zum unteren Rand. Färbe den Mittelteil der Fläche mit Olivgrün gelblich und den unteren Rand mit reinem kräftigen Hookersgrün gemischt mit Kobalttürkis. Teste die richtige Wassermischung, damit einerseits die Farben nicht zu hell werden und andererseits keine Pigmentränder entstehen.

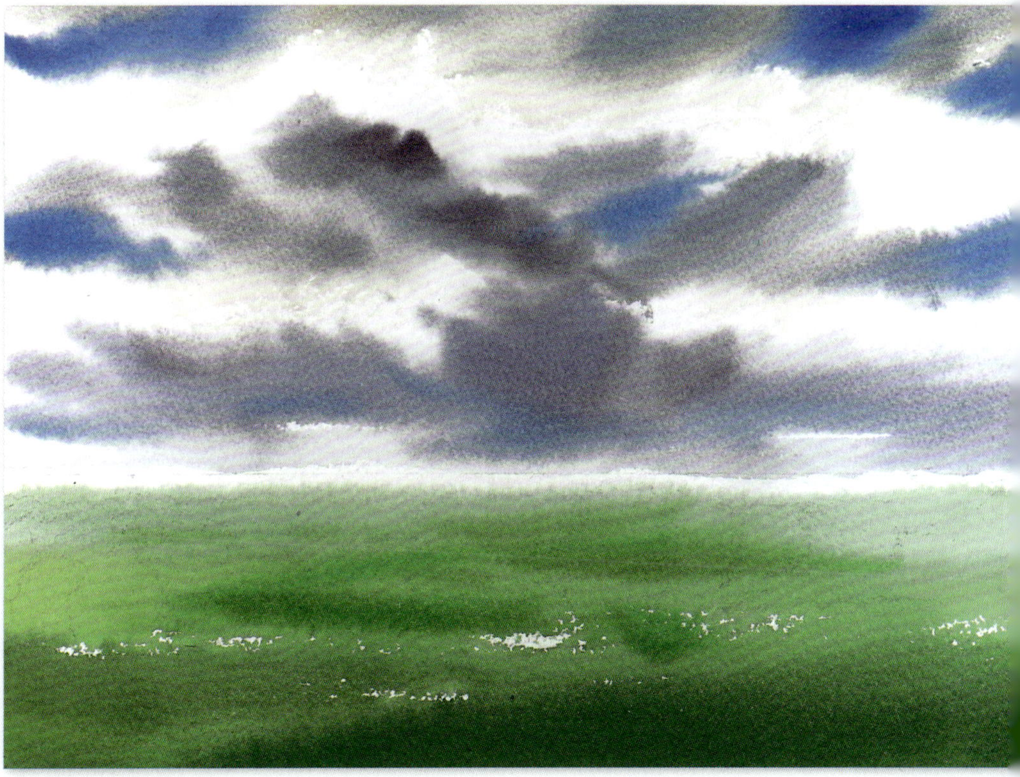

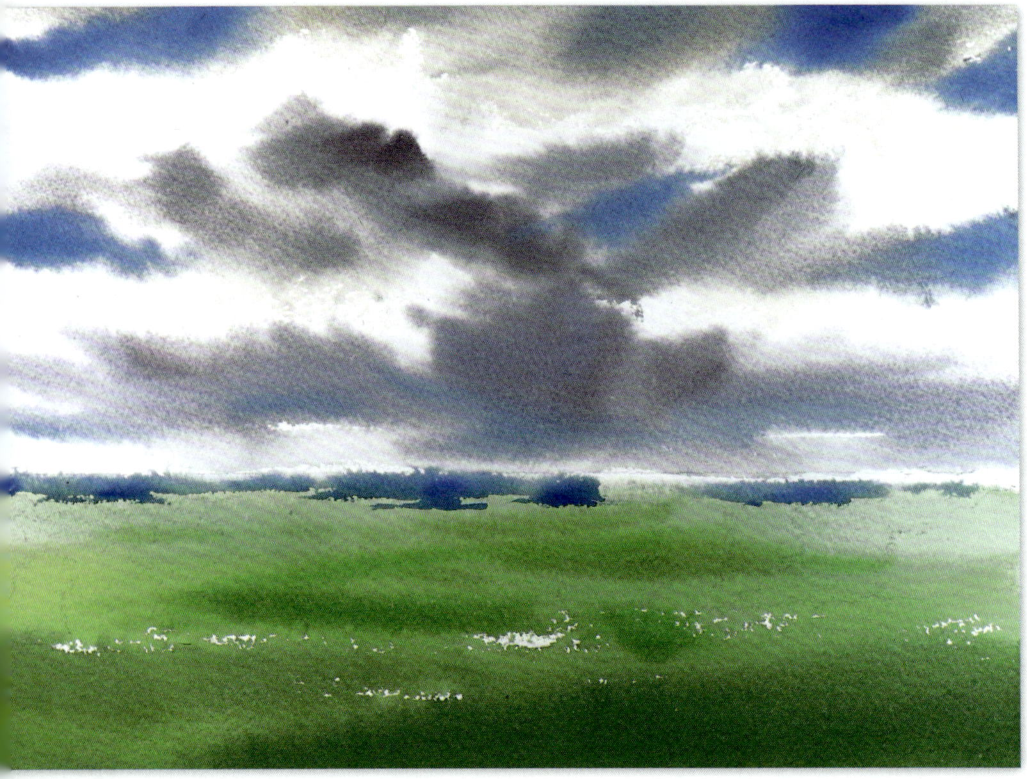

4. Schritt

Der bewaldete Horizont ist nur noch zu erahnen. Alles taucht in ein schimmerndes Blau. Feuchte als Erstes den weißen Streifen an. Ziehe mit Maigrün einen grünen Strich an der Unterkante der noch unbemalten feuchten Horizontlichtfläche. Die Unterkante des grünen Striches sollte klar begrenzt sein und oben durch die Feuchtigkeit unscharf enden. Tupfe vereinzelt Bergblau in den noch feuchten maigrünen Strich. Setze mit derselben Farbmischung einige Punkte als Baumakzente in die grüne Fläche.

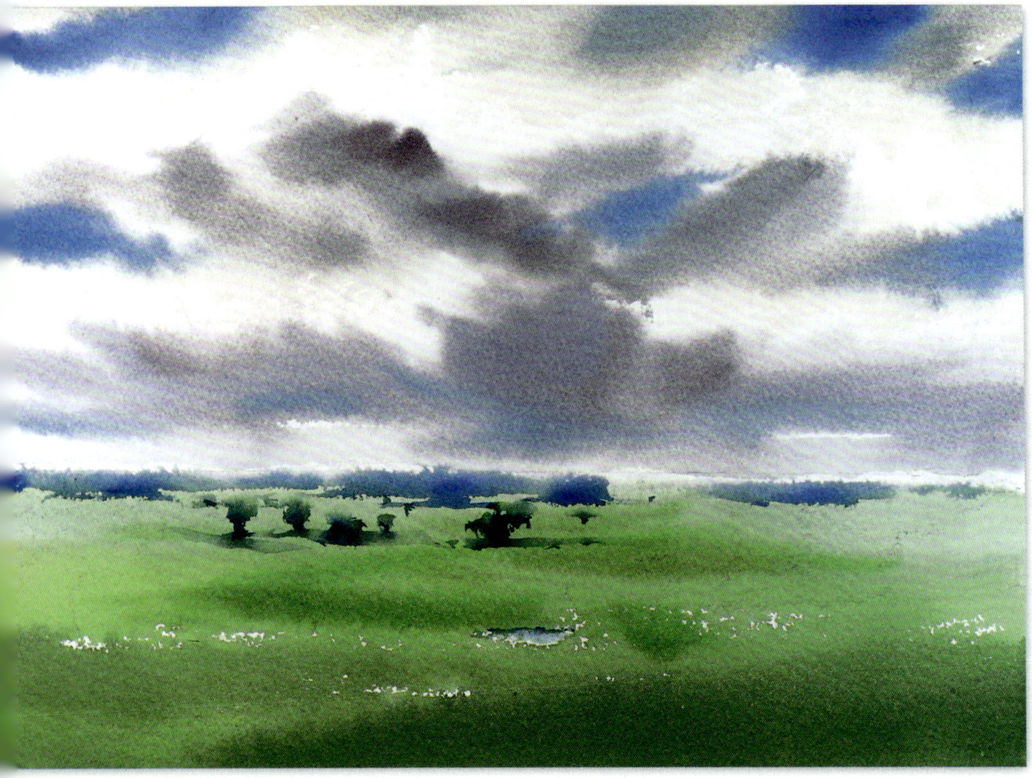

5. Schritt

Tupfe zusammenhängende und einzelne grüne Punkte in den Mittelbereich des weiten Tals. Verbinde sie mit Zickzack-Strichen aus reinem Wasser. Die feuchten Striche machst du mit einzelnen Tropfen aus Maigrün und Hookersgrün sichtbar. Sie laufen unscharf aus. Durch diese Technik gelingt dir eine malerische Wirkung. Setze an die Unterseite der Punkte dunkle Schatten und Stämme aus Perylengrün. Damit die Baumandeutungen ihre Leichtigkeit behalten, sollte die Farbe bei der Modellierung noch feucht sein.

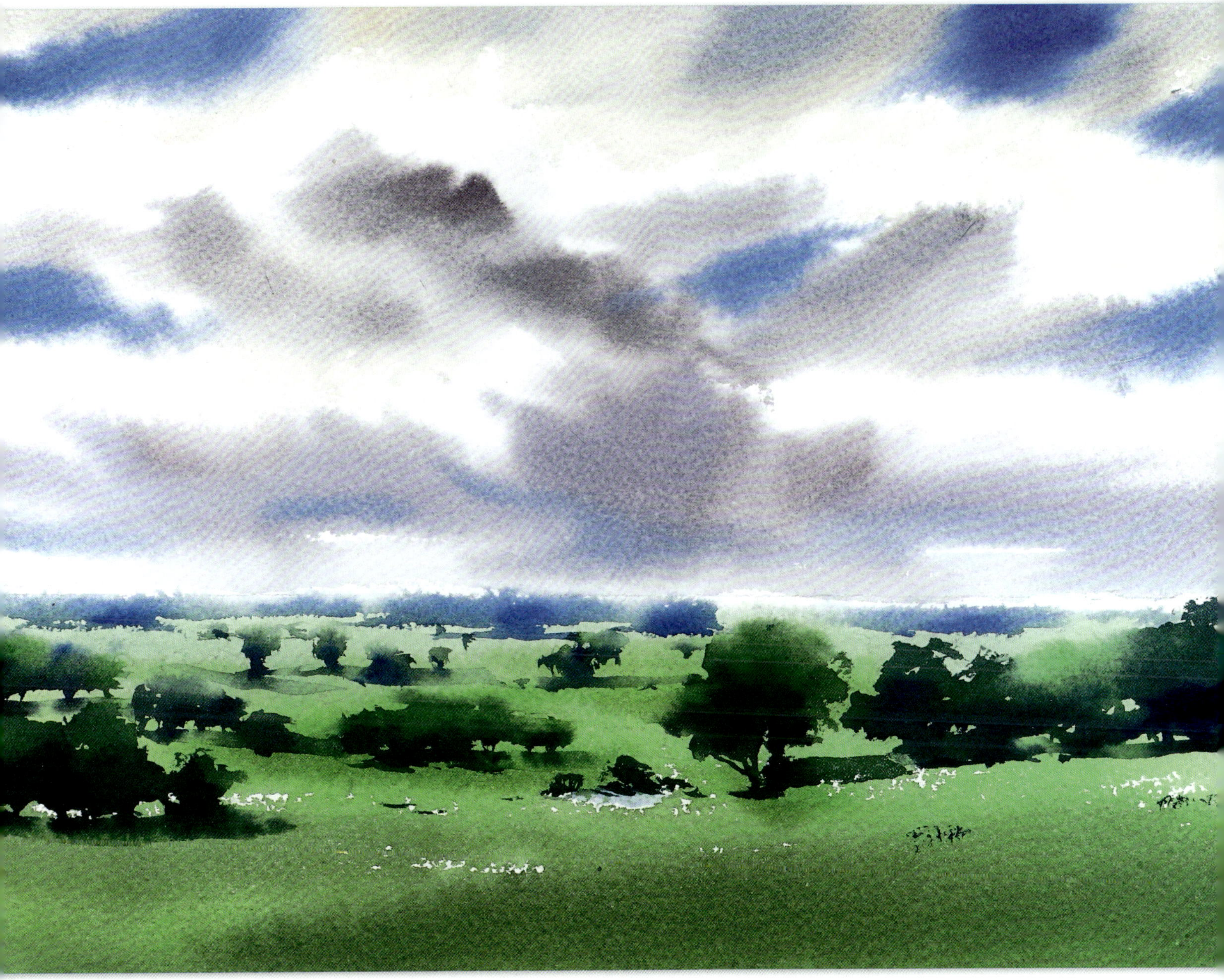

Fertiges Bild

Die vorderen Bäume werden zum entscheidenden Hingucker. Die hinteren soll man nur erahnen. Gestalte rechts außerhalb der Mitte einen kräftigen Hain mit langen Schatten, der die Blicke auf sich zieht. Er sollte nur flächig angedeutet sein und doch ausdrucksstark das Bildgeschehen dominieren. Du kannst die Grüntöne der Baumreihen variieren oder, wie in dem Beispiel, dich auf diesen ruhigen Farbklang konzentrieren. Orientierst du dich an der Vorlage, dann bleibe bei Maigrün und Hookersgrün und verstärke die Dunkelheit mit Perylengrün. Der einheitliche Farbklang lenkt den Blick auf die grauen Wolken und verbildlicht die feuchte Witterung des aufziehenden Frühlingsgewitters.

Sommerwind

Du brauchst:

Aquarellpapier, rau, 300 g/m^2, 38 cm × 28 cm

Aquarellfarben in
- Ocker natur
- Maigrün
- Hookersgrün
- Grünoliv
- Perylengrün
- Bergblau
- Ultramarinblau
- Ultramarinviolett
- Kobalttürkis
- Neutraltinte
- Vandyckbraun

Malerkrepp

Pinsel s. S. 8

Das Beobachten des Realismus in der klassischen Malerei kann ein großer Gewinn sein, denn jede Stilrichtung bringt dich im Aquarell weiter. Mit dem traditionellen Ansatz kannst du auch hervorragend kleineren Formaten Leben einhauchen. Wenn Holundersträucher und Buchen, dicht aufgereiht, nur noch minimale Durchblicke auf die von der Sonne beschienene Wiese freigeben, wandert mein Blick neugierig zum Licht hinter den Bäumen.

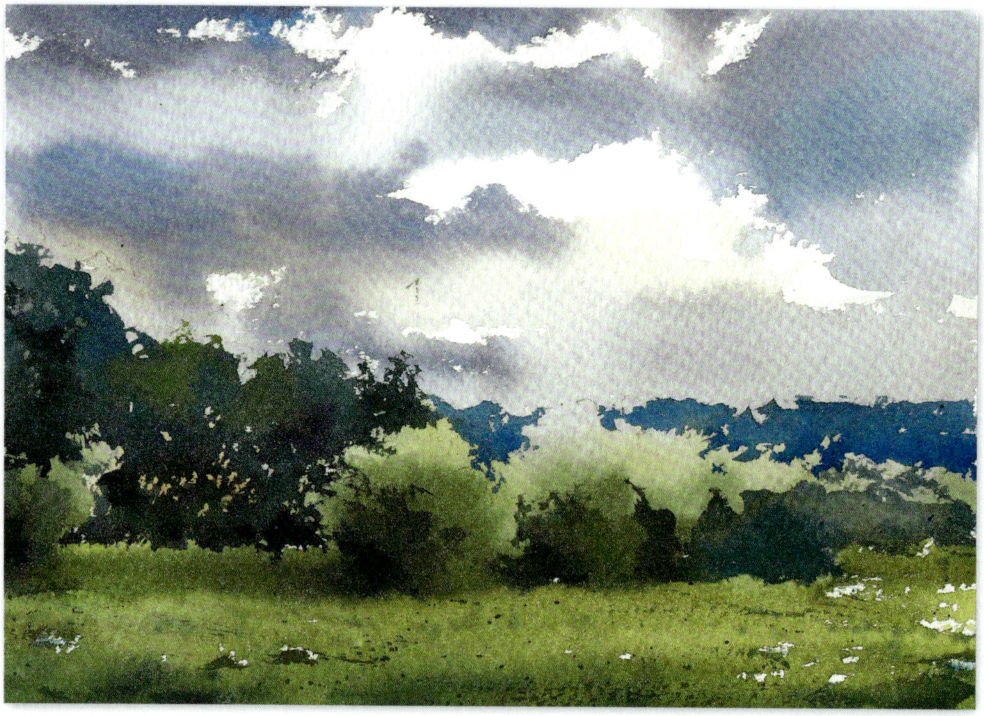

Detail 1

Bei diesem Motiv folgt eine Vielzahl von Grünschattierungen einem dichten Rhythmus. Ein gutes Aquarell entsteht durch eine gelungene Farbwahl und eine gekonnte Pinselführung. In dem Bild wechseln sich ständig verschwommene und scharfe Farbkanten ab. Das Auffallendste in diesem Aquarell sind die Positiv-Negativ-Formen. Mit dem Waldrand kannst du den hellen Holundersträuchern Form geben. Die dunkle Fläche in den Sträuchern erscheint zwar nicht pflanzlich, ist aber schön anzuschauen. Das ist kein Fehler, sondern ein Vorteil. Die Attraktivität dieses Aquarells liegt im Skizzenhaften. Das Werk erhebt nicht den Anspruch einer detailgetreuen Wiedergabe.

Detail 2

Im Himmel laufen ein sehr helles und somit wässriges Ocker natur und im gleichen Maße verdünnte Neutraltinte sowie Bergblau, Ultramarinblau und Ultramarinviolett zusammen. Die Strahlkraft wird durch die weißen Flecken dazwischen gesteigert. Die hereinragenden Äste zeigen dem Betrachter am linken Bildrand, wie die Landschaft weitergeht. Die angeschnittene Linde weist über die Begrenzung des Bildes hinaus. Sie verwandelt das Aquarell in ein Landschaftsfenster.

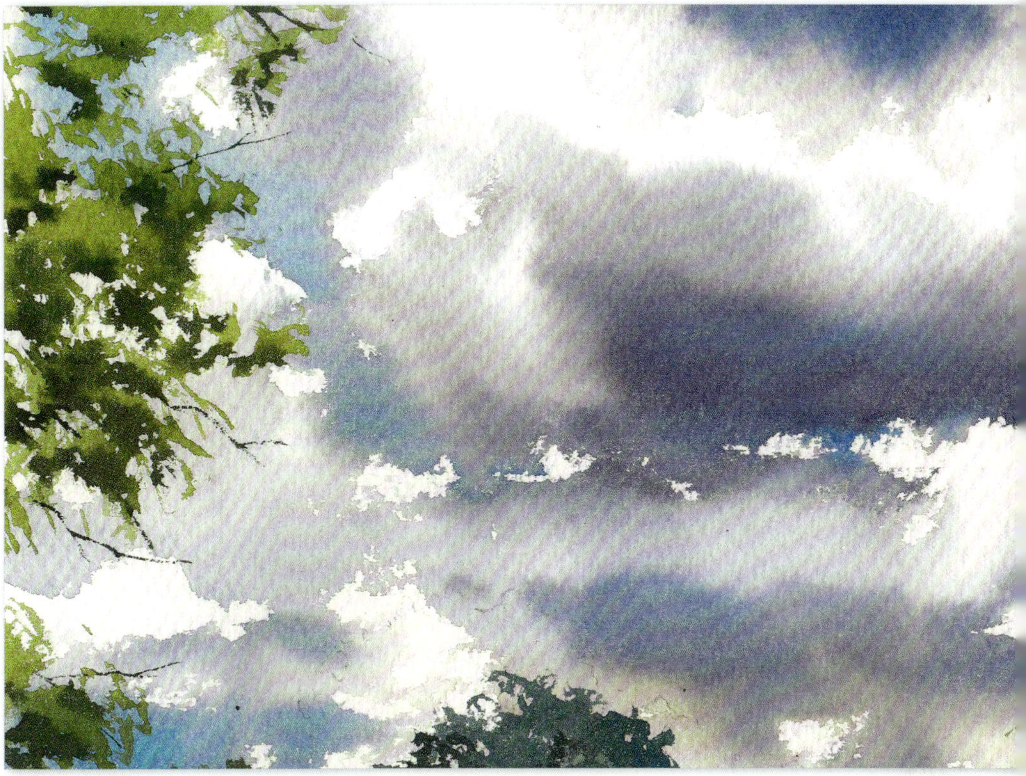

Vorgehensweise

Gestalte den Verlauf der hellgrünen Wiese mit einer Mischung aus Maigrün und Grünoliv. Lasse einige weiße Flecken des Papiers auf der Wiese stehen. Male Aquarellflächen nie exakt geschlossen, sonst verschenkst du die Spontanität und das Leben in der Fläche. Koloriere die noch feuchte Fläche mit zwei oder drei schmalen Pinselstrichen aus Grünoliv, abgedunkelt mit Hookersgrün. Ist die Fläche trocken, dann nimm einen dicken, weichen Pinsel und tauche ihn in Perylengrün und Kobalttürkis. Drücke ihn senkrecht wie einen Stempel auf das Papier, so ergeben sich die fransigen Ränder der Buchen. Die hellgelben bis gelbgrünen Verläufe bekommst du, indem du grünolive Farbe hineinträufelst. Male den weit zurückliegenden Waldstreifen am Horizont mit den kühlen Grüntönen Kobalttürkis, Hookersgrün und Bergblau. Spritze abschließend mit einem dünnen Pinsel Vandyckbraun über das Gras auf der Wiese.

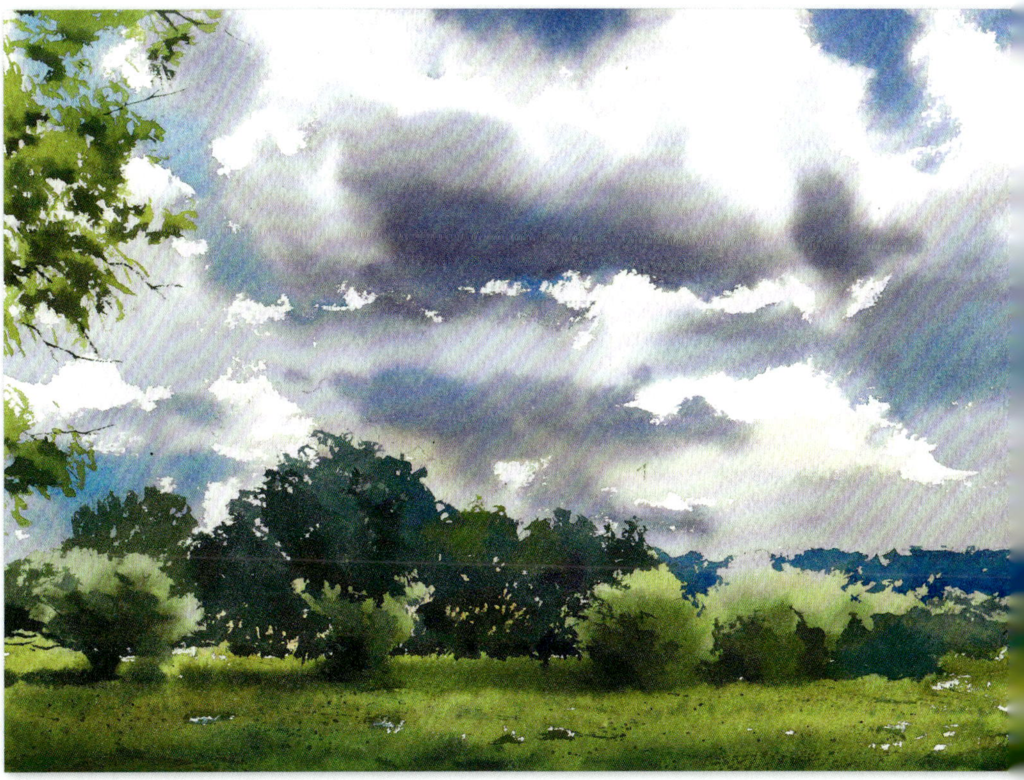

Herbststurm

Du brauchst:

Aquarellpapier, rau, 300 g/m², 38 cm × 28 cm

Aquarellfarben in
- Bergblau
- Kobalttürkis
- Neutraltinte
- Brillant Rotviolett
- Ultramarin feinst
- Chromorangeton
- Siena natur
- Kadmiumorange hell
- Goldbraun
- Kastanienbraun
- Lichter Ocker
- Vandyckbraun

Malerkrepp

Maskierflüssigkeit

Bleistift, B4 oder B5

Pinsel s. S. 8

Bäume am Horizont werden zum wichtigen Bindeglied zwischen Feldern und dramatischem Himmel. In diesem Aquarell siehst du, wie du mit minimalen Andeutungen eine Herbststimmung in einem entfernten Wald hervorzauberst. Halte einen dünnen Pinsel schräg, dann entstehen die löchrigen Flächen mithilfe des rauen Papiers.

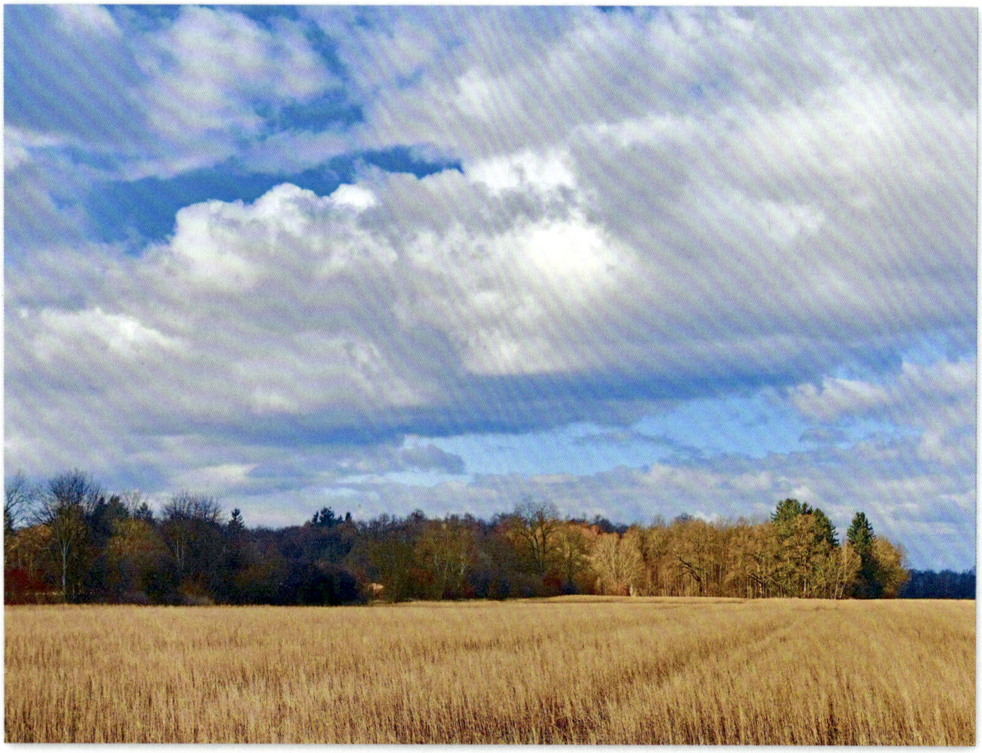

Motivvorlage

Herbststürme ziehen über das Land. Zwischen den Wolken schimmert warmes Nachmittagslicht und erhellt die Baumspitzen. Die Landschaft schillert in allen Farben des Herbstes. Nicht umsonst gilt diese Jahreszeit als Farbkünstler. Der Orange-Blau-Kontrast schenkt der Landschaft hohe Leuchtkraft. Golden legen sich die Sonnenstrahlen über alle Blätter und Halme. Die Baumreihen verbinden die Wolkenstimmung mit den im Wind wogenden Getreidefeld.

1. Schritt
Die Dramatik des Himmels bringt Licht in die Baumlandschaft. Ziehe nur eine dünne Bleistiftlinie mit einem weichen Bleistift B4 oder B5 für den Horizont. Drücke bei der Bleistiftlinie nicht kräftig auf. Sie sollte leicht wegzuradieren und kaum sichtbar sein. Zeichne die Wolkenstimmung nicht vor. Lasse bei der Gestaltung der Wolken dem Wasserfluss freien Lauf. Achte aber darauf, dass du für das obere Blau Ultramarin feinst und für das untere Blau eine Mischung aus Bergblau und Kobalttürkis verwendest. Für die grauen Schatten in den Wolken verwende Neutraltinte, Brillant Rotviolett und Ultramarin feinst.

2. Schritt
Lege nun die Farben des Kornfeldes an. Mische hierfür Chromorangeton und Goldbraun. Die dunklen Stellen gelingen dir, wenn du in die Farben einen Hauch von Neutraltinte gibst. Streife mit dem Pinsel so locker über die Oberfläche, dass durch die raue Papieroberfläche weiße Punkte stehen bleiben. Achte auf den Verlauf der einzelnen Kornstreifen. Die Erdfurchen zeigen strahlenförmig zum Horizont. Sie bündeln sich in einem Fluchtpunkt nahe dem rechten Bildrand. Ziehe die Horizontkante nicht völlig scharfkantig begrenzt, sondern unterbreche sie durch kleine weiße Punkte.

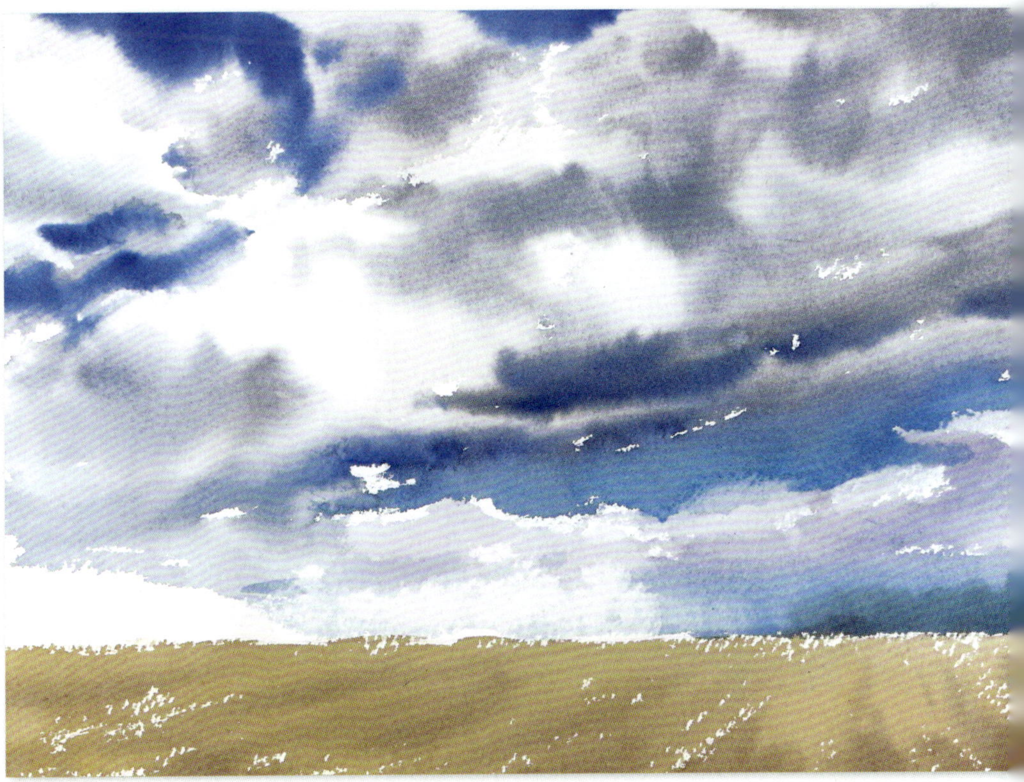

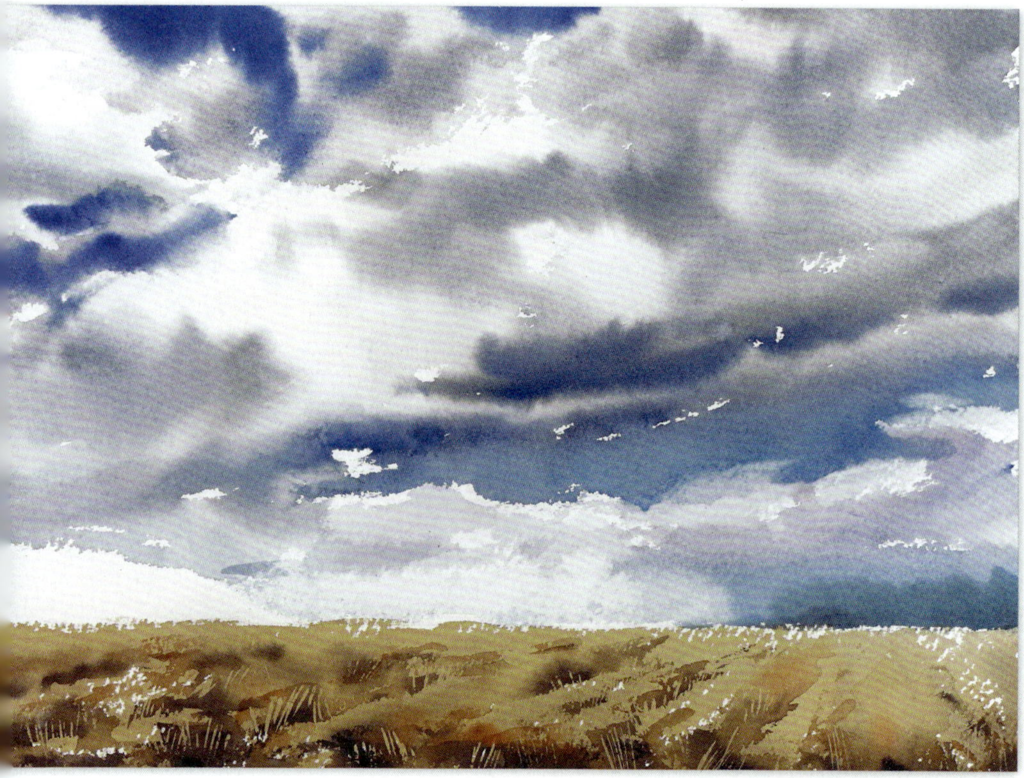

3. Schritt

Den Charakter des Getreidefeldes kannst du mit einigen hellen Punkten hervorheben. Ideal hierfür sind dünne Maskierlinien. Die feinen Striche trägst du am besten mit einem dünnen Synthetik-Flachpinsel für Maskierflüssigkeit Nr. 2 auf das helle Weizenfeld auf. Ist die Maskierflüssigkeit getrocknet, dann übermale sie mit Kastanienbraun, Lichter Ocker und Spuren von Vandyckbraun. Versehe die oberen Kanten der dunklen Pinselspuren mit reinem Wasser und löse so ihre scharfe Kontur auf. Durch das Wegrubbeln der Maskierflüssigkeit erscheinen nun die Ähren hell und realistisch.

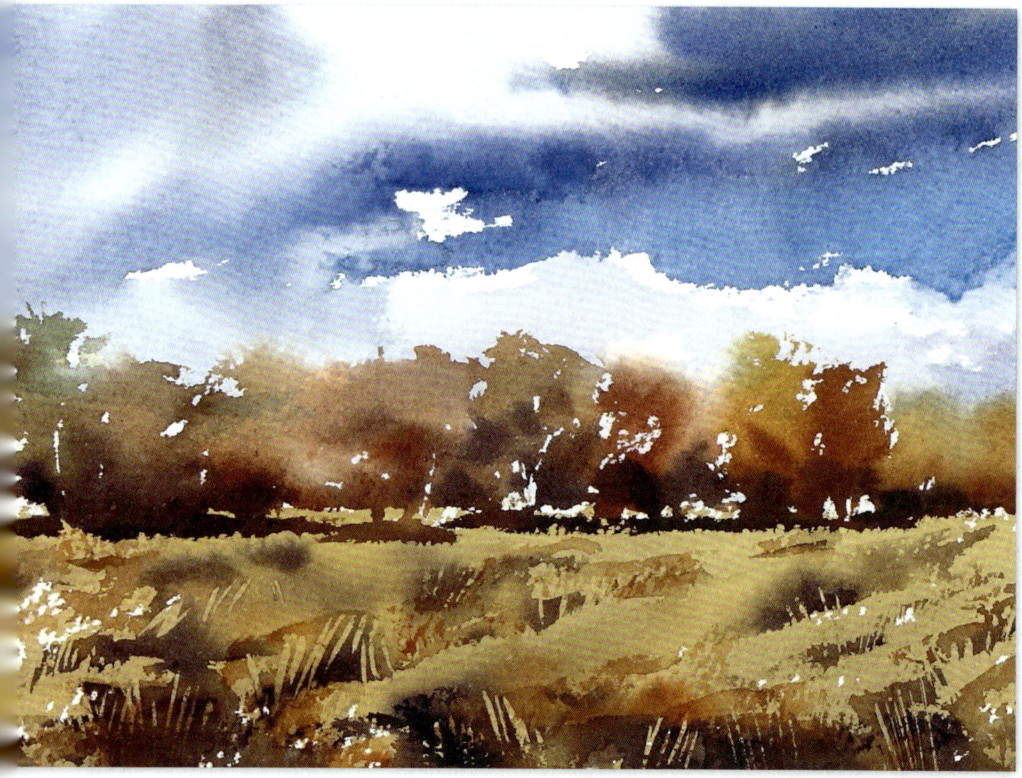

4. Schritt

Das Aquarell hat seine eigenen Gesetze. Manchmal wird die Baumstimmung intensiver, wenn du das Foto nicht eins zu eins wiedergibst. Lasse einige Baumkronen wässrig und unscharf auslaufen. Spare dazwischen weiße Striche als Stammandeutung aus. Sie beleben mit den dunklen Stämmen und deren Schatten die Baumreihe. Achte auf Durchblicke zwischen den unteren Schatten und den Laubkronen. Sie vermitteln das Gefühl, als würde die Landschaft dahinter unendlich in die Tiefe führen.

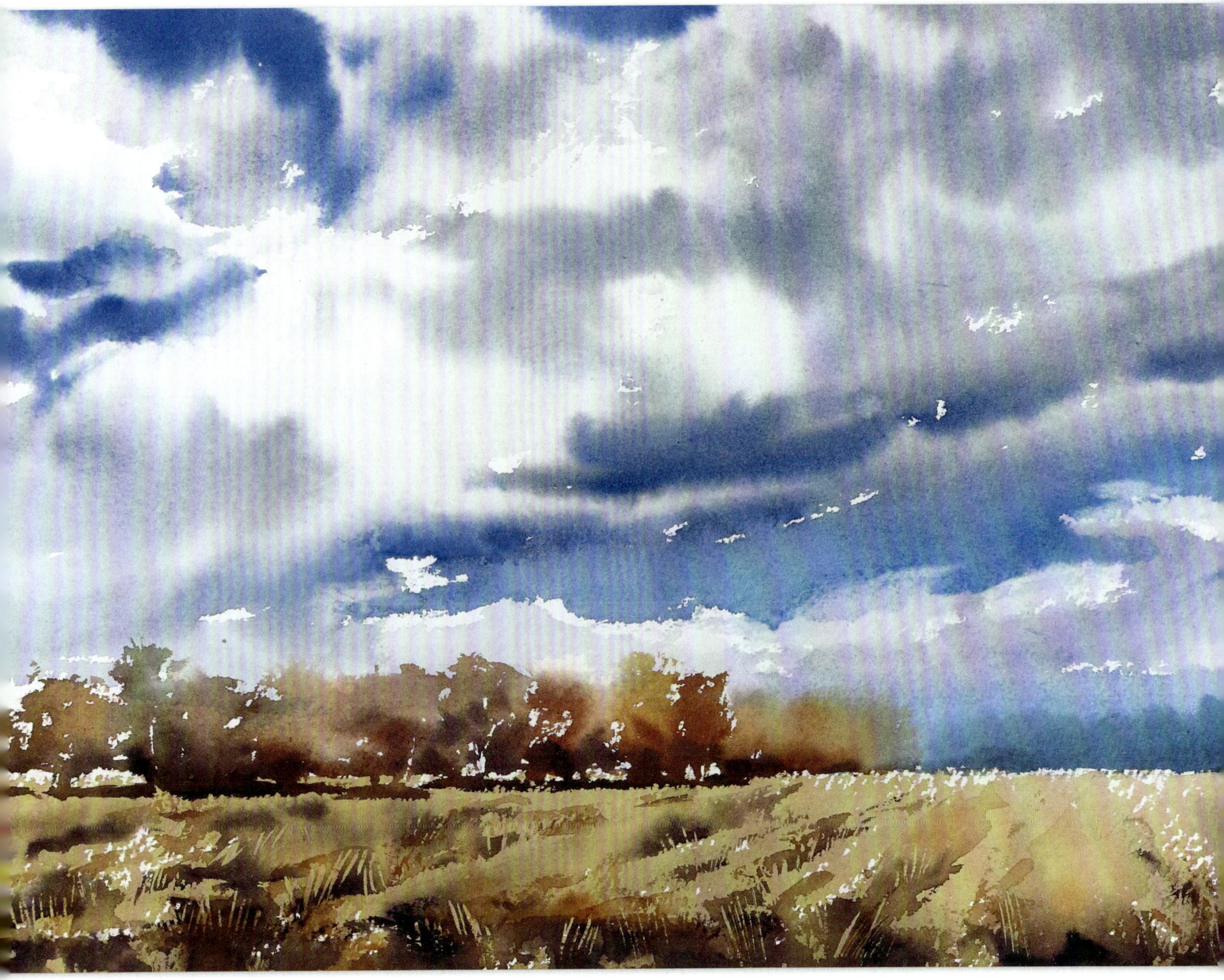

Fertiges Bild

Das Aquarell gewinnt sehr, wenn du die Baumreihe am Horizont lebendig gestaltest. Die dunklen Akzente geben den Bäumen Fülle und Plastizität. Sie schaffen einen schönen Spannungsbogen zu den Schatten des Getreidefeldes am unteren Bildrand. Einige Baumgruppen sind gänzlich verhüllt von tiefgrünen Schatten. Gestalte sie heller mit Siena natur, Kadmiumorange hell und Vandyckbraun. Manche Partien sind nur skizzenhaft angedeutet. Genau das ist der Reiz dieser Landschaftsdarstellung. Das nur Hingehauchte schenkt dem Bild einen malerischen und typisch aquarellierenden Ausdruck.

Dämmerung im Tal

Du brauchst:

Aquarellpapier, rau, 300 g/m², 38 cm × 28 cm

Aquarellfarben in
- Titanweiß
- Zitronengelb
- Chromorangeton
- Siena gebrannt
- Bergblau
- Ultramarin feinst
- Indigo
- Neutraltinte
- Lampenschwarz

Malerkrepp

Maskierflüssigkeit

Bleistift, B6

Pinsel s. S. 8

Bäume erscheinen uns bei Dämmerung oftmals wie dunkle Schriftzeichen. Selbst bei dieser reduzierten Farbigkeit kannst du noch sehr viel Leben in dein Bild hinein malen. Lerne, in Grau und gemischten Tönen feinste Nuancen zu entdecken, und du entwickelst ein brillantes Farbgefühl. Grau ist die Königin aller Farben und verbindet die leuchtenden Töne. Bei einer derart einheitlichen Farbigkeit strömt das Licht aus dem Horizont.

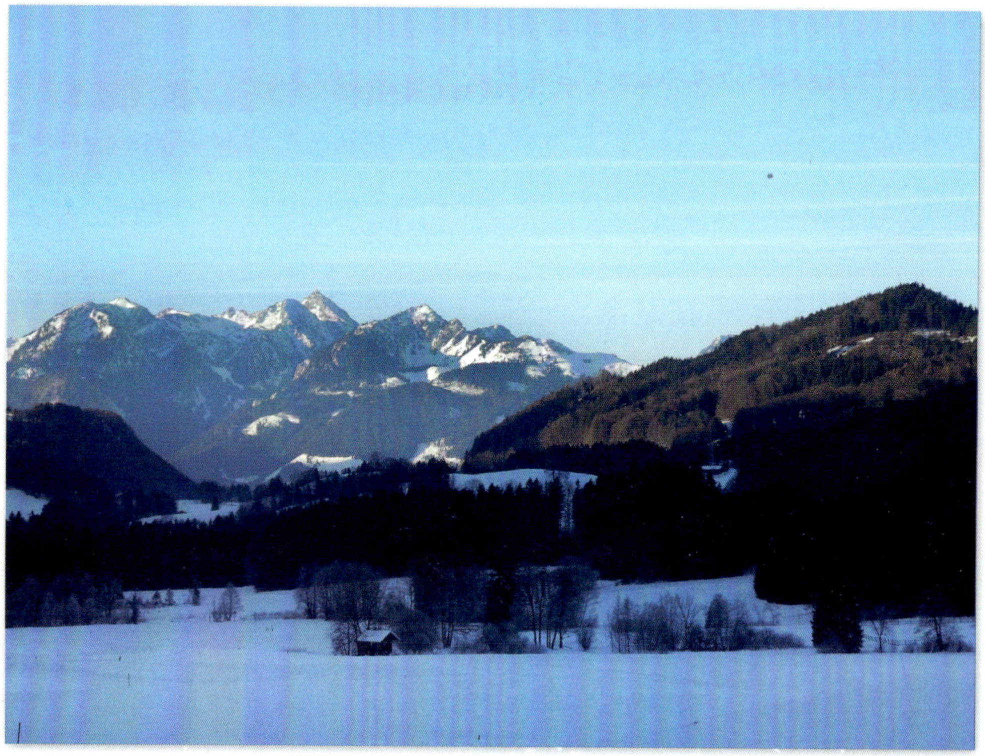

Motivvorlage

Die Schatten des Abends legen sich über die Stille der Winterlandschaft. Nur das letzte Sonnenlicht erhellt die verschneiten Felsenspitzen und den bewaldeten Hang. Die untergehende Sonne taucht alle Farben in warme Töne. In der Dämmerung verschwinden die Konturen der Wege im weiten Schneefeld. Nur die in der Ferne immer kleiner werdenden Baumreihen lassen das Tal erahnen.

1. Schritt

Zeichne die Baumreihen möglichst genau ab. Stimmen die Abstände und Größenverhältnisse, dann entsteht die stärkste Tiefenwirkung. Skizziere nur leicht mit einem Bleistift die Umrisse, damit sie von den dünnen Aquarellschichten verdeckt werden und im Bild nicht mehr sichtbar sind. Auf diese Weise entsteht ein Aquarell, das nur durch die leuchtenden Farbflächen wirkt.

2. Schritt

Bemale die Bergsilhouette mit Maskierflüssigkeit. Lege mit Bergblau einen gleichmäßigen Himmelsverlauf an. An der Bergsilhouette färben sich die Luftschichten gelb, und die leuchtende Abendsonne strahlt über den Gebirgskamm. Mische in die letzten Pinselspuren Zitronengelb und erreiche so eine minimale, aber wirkungsvolle Farbveränderung. Das abendliche Schneefeld male mit Ultramarin feinst und Neutraltinte. Lege auch diese Fläche möglichst gleichmäßig an. Die verschneiten Wege sind in der Dämmerung kaum mehr sichtbar.

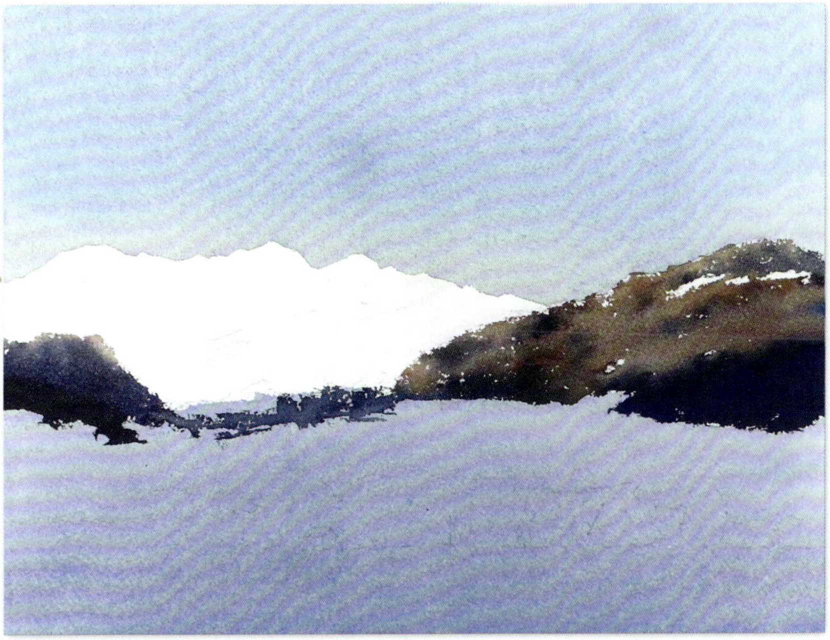

3. Schritt

Entferne von der Bergsilhouette die Maskierflüssigkeit. Warmes Abendlicht taucht den rechten Waldhügel in ein leuchtend gedämpftes Orange. Dieser Ton gelingt dir mit einer Mischung aus Neutraltinte und einer Spur Chromorangeton. Nimm für die dunklen Schattenakzente Ultramarin feinst und Lampenschwarz. Es geht nicht um jeden Schattenbereich zwischen den verschiedenen Tannen. Deute mit wenigen Dunkelheiten den lichtdurchfluteten Wald nur an.

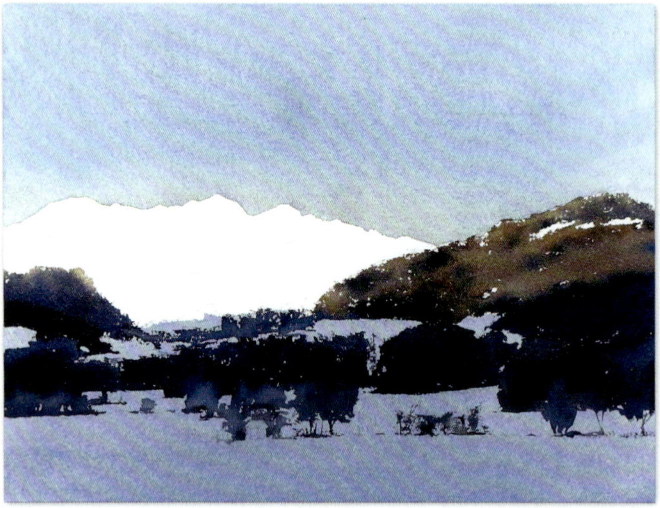

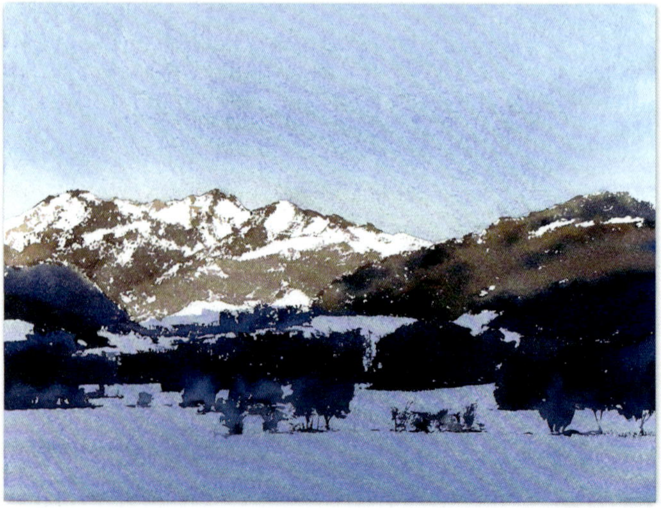

4. Schritt
Mische mit Ultramarin feinst, Indigo und Lampenschwarz einen gebrochenen Grauton für die in der Dunkelheit liegenden Baumgruppen. Male die Waldstücke im feuchten Zustand und mit fließenden Übergängen. Helle die vereinzelt stehenden Bäume mit jeweils einem Tropfen Titanweiß auf. Der Malvorgang ist mit einem meditativen Schreiben vergleichbar, und je fließender er dir gelingt, umso atmosphärischer wird das Aquarell. Verwende hierfür einen dünnen Pinsel mit langer Spitze.

5. Schritt
Gestalte jetzt mit Siena gebrannt und einem dünnen Pinsel die ausgeprägten Felsformen im Bergmassiv. Halte den Pinsel möglichst schräg, auf diese Weise entstehen diese herrlich körnigen Ränder und weißen Punkte in den Aquarellflächen. Studiere zuvor genau das braunweiße Muster der Felskanten. Je genauer du es abbildest, umso räumlicher und realistischer nimmt der Betrachter es später wahr.

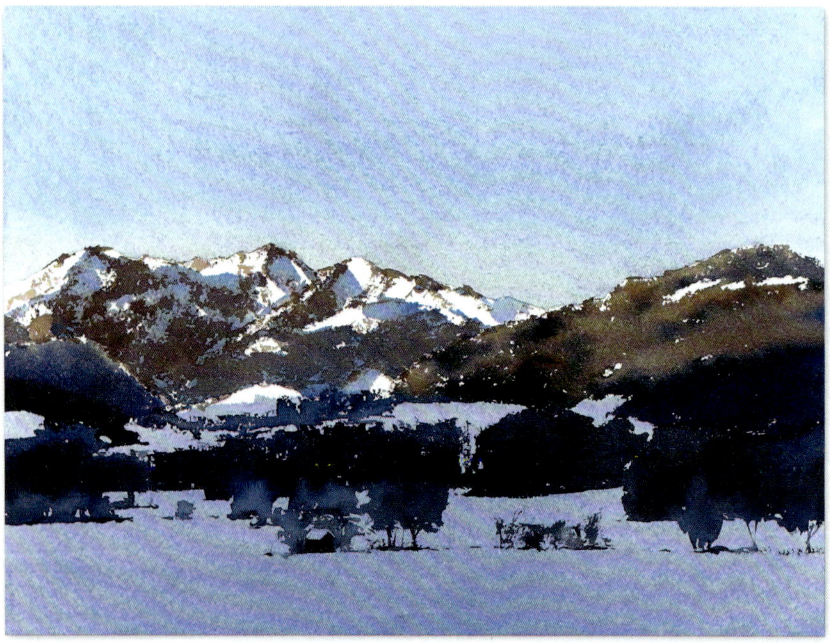

6. Schritt
Übermale nun mit einem breiten, weichen Pinsel und Bergblau die schattigen Bereiche in den Felsen. Der entstehende Blaubraunton entwickelt einen diesigen Schimmer und wird zum entscheidenden Farbkontrast zu den strahlenden Schneefeldern. Das Weiß des Büttenpapiers weckt das Gefühl von intensiv strahlendem Schnee und zieht den Blick des Betrachters an.

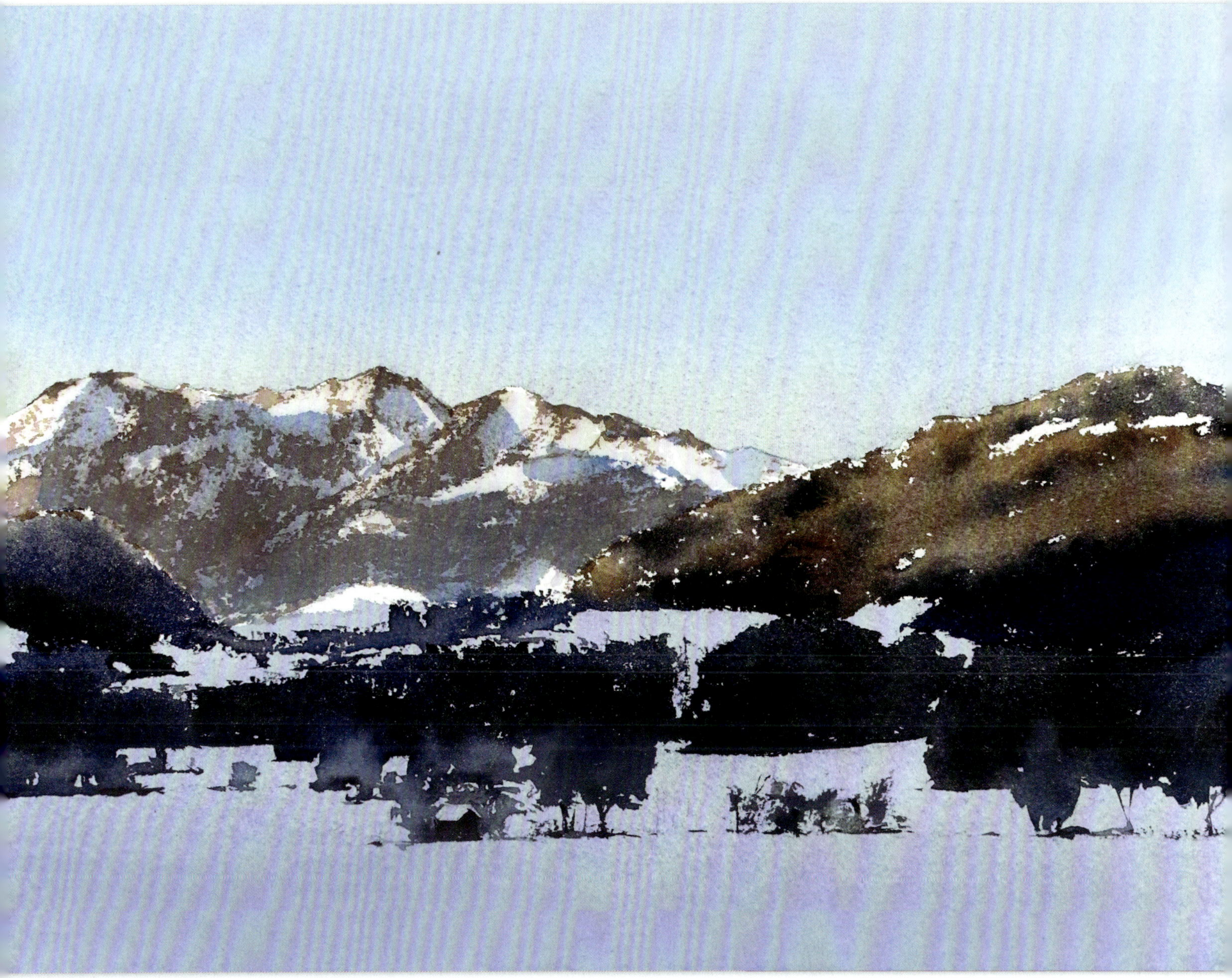

Fertiges Bild

Die Abendluft legt eine Dunstschicht über das Bergmassiv. Die unvergleichlich geheimnisvolle Stimmung erreichst du mit einem Schleier aus Titanweiß. Diese Farbigkeit entsteht nur durch Überlagerung hauchdünner Aquarelllasuren. Hier liegt eines der großen Geheimnisse des Aquarells. In einem vollendeten Aquarell geht es immer um die Gesamtwirkung. Einzelne Details sollten natürlich gelungen erscheinen, aber entscheidend ist die Ausstrahlung des Bildes.

Garten

Du brauchst:

Aquarellpapier, rau, 300 g/m², 38 cm × 28 cm

Aquarellfarben in
- Titanweiß
- Zitronengelb
- Indischgelb
- Kadmiumrot hell
- Chromorangeton
- Siena natur
- Maigrün
- Hookersgrün
- Perylengrün
- Bergblau
- Ultramarinviolett
- Kobalttürkis
- Neutraltinte
- Vandyckbraun
- Lampenschwarz

Malerkrepp

Maskierflüssigkeit

Bleistift, B4

Pinsel s. S. 8

Wenn du eine Aquarellfläche mehrfach übermalst, dann wird sie stumpf. Auf rätselhafte Weise bleibt die Farbdichte aber locker, wenn feine Farbspritzer in einer Fläche zusammenlaufen. Auch bei mehrfachem Überspritzen bleibt die Leuchtkraft erhalten. Mit diesem Farbauftrag bewältigst du mühelos eine Parklandschaft.
Die verschiedensten Grüntöne fügen sich zu einer harmonischen Einheit. Die Spritztechnik sorgt für fließende und natürliche Übergänge zwischen den unterschiedlichen Grüntönen der Büsche, Bäume und Sträucher.

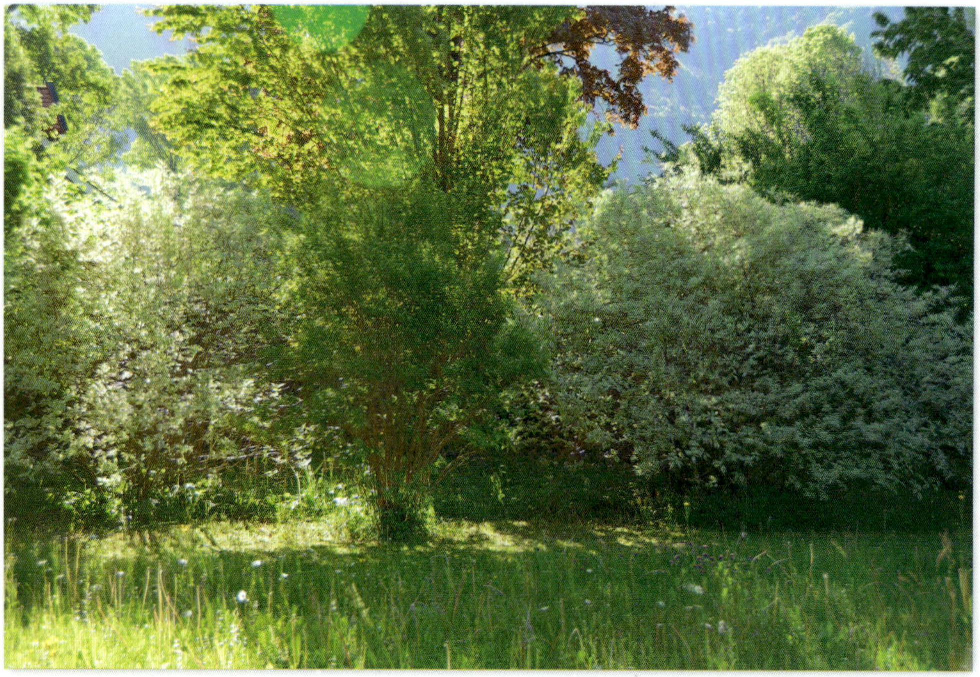

Motivvorlage
Frühlingssträucher verströmen mit ihrer frischen Farbigkeit ihr ganz spezielles Flair. Das Gegenlicht der aufgehenden Sonne legt eine Aura über die Blütensträucher. Die unterschiedliche Blattfärbung entwickelt bei diesem Motiv einen besonderen Reiz. Der geheimnisvolle Garten wird zum lebendigen Gemälde.

1. Schritt

Die entscheidende Grundlage gelingt dir mit unterschiedlichen Gelbtönen. Unterlege jede Grünfläche mit Zitronengelb und Indischgelb. Die daraus resultierenden weißen Partien beleben das grüne Laubwerk und verleihen ihm Volumen. Achte auf die beschienenen Spitzen der Blätter und Blüten. Decke beim Spritzen die noch weißen Stellen mit ausgeschnittenen Kartonformen ab. Sie dürfen nicht farbig werden und sind für die Leuchtkraft des Aquarells entscheidend.

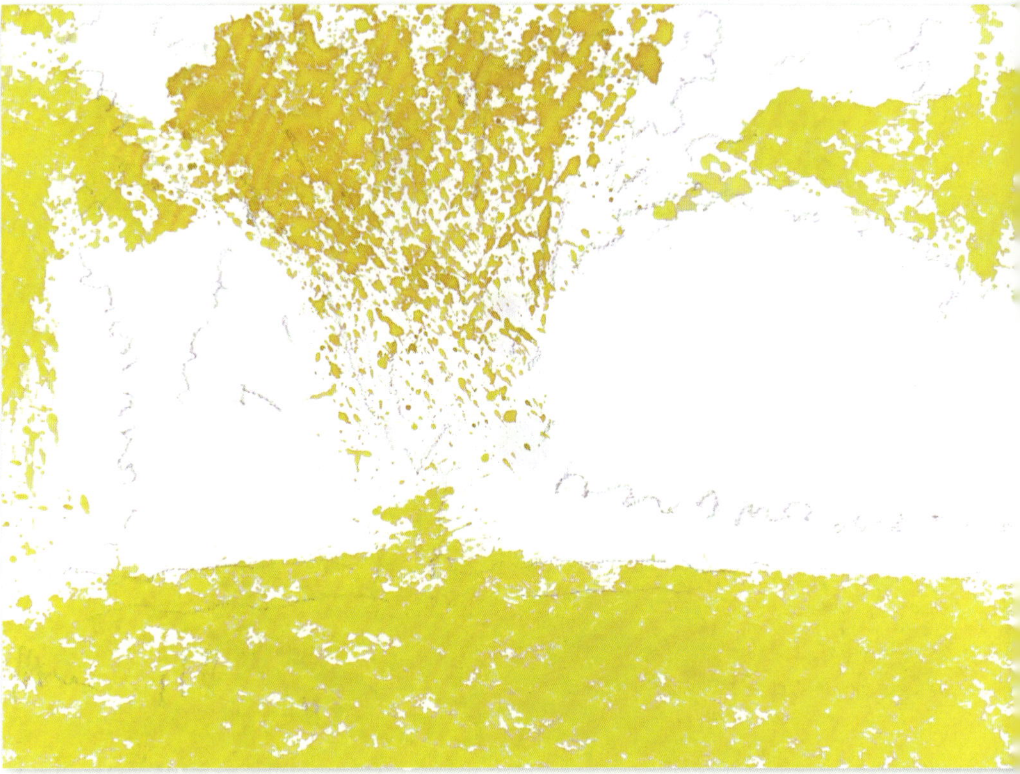

2. Schritt

Gestalte nun die Büsche links und rechts von dem leicht aus der Mitte versetzten Strauch. Der türkisfarbene Ton aus Titanweiß, Lampenschwarz und Kobalttürkis auf der rechten Bildhälfte und der Graubraunton aus Titanweiß, Lampenschwarz und Siena natur auf der linken Bildhälfte bereichern jeweils die Farbigkeit des Aquarells.
Um die beiden dunklen Flächen zieht sich ein weißer Rand, der nach oben hin breiter wird. Die beiden Himmelsflächen leuchten durch das Bergblau. Die luftige Flächenaufteilung ist für die Lichtwirkung des Aquarells unglaublich wichtig.

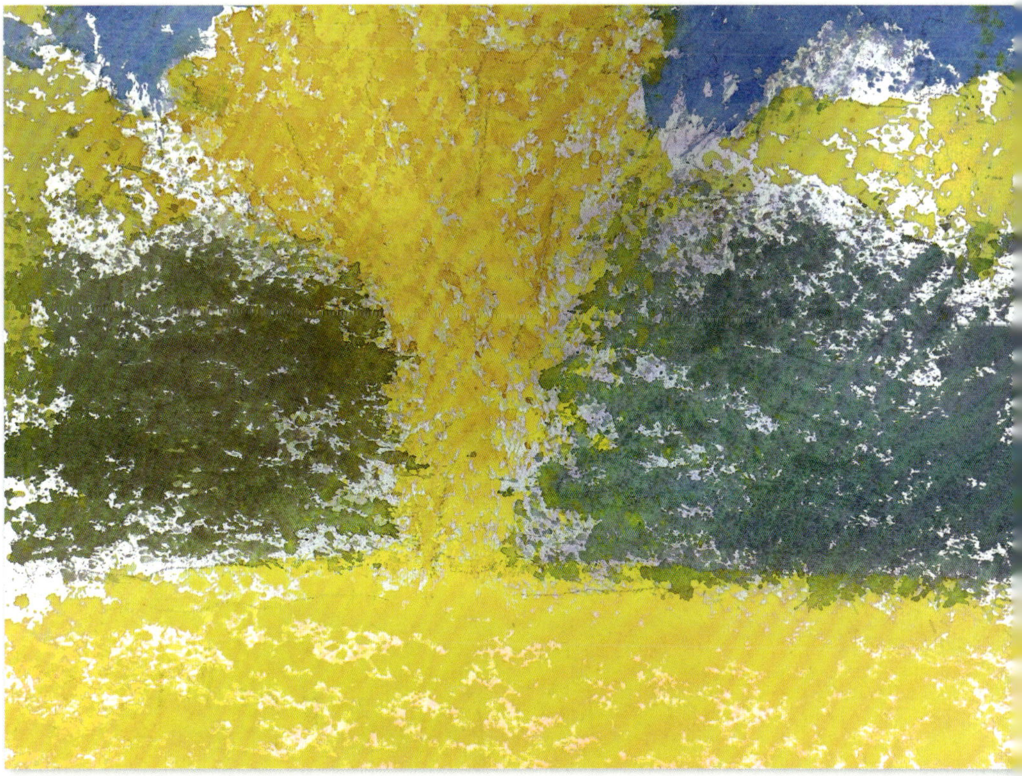

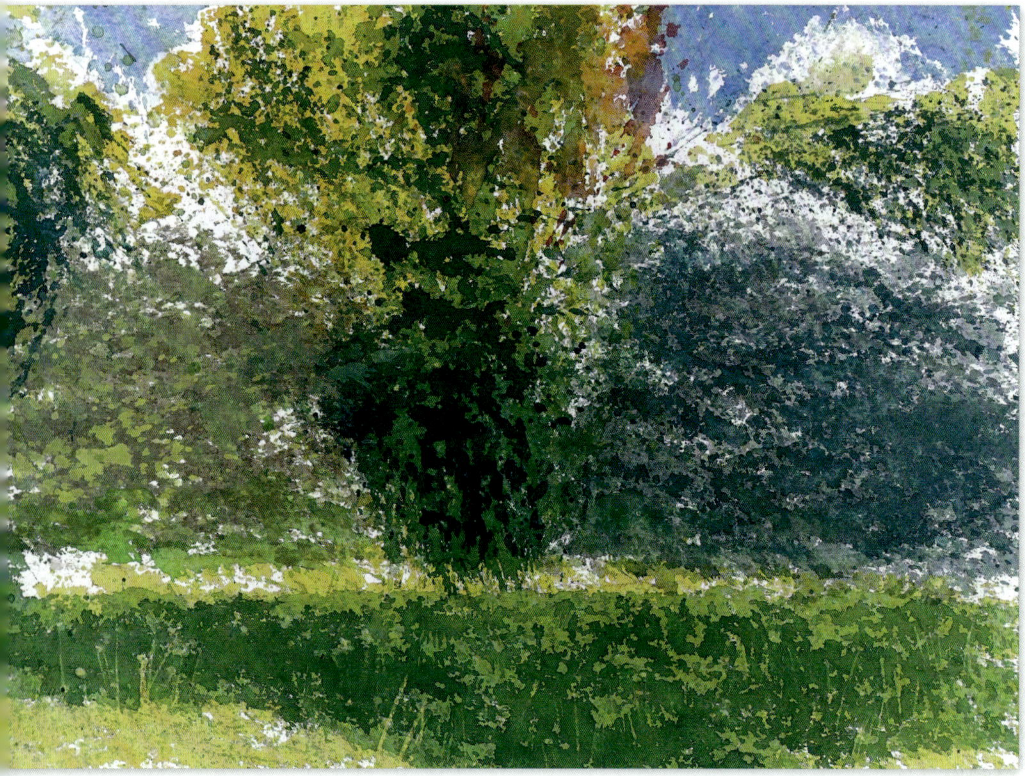

3. Schritt

Ziehe mit Maskierflüssigkeit Graslinien in die Wiese. Sprühe über die rechte, grünliche Buschfläche Kobalttürkis und über den linken, braunen Strauch Siena natur gemischt mit Lampenschwarz. Solche lebendigen Flächen kannst du gut mit Farbspritzern aus Titanweiß, Zitronengelb und Maigrün aufhellen. Mische das Frühlingsgrün über den gelben Flächen aus Maigrün und Hookersgrün. Die noch dunkleren Stellen setzen sich aus Hookersgrün, Kobalttürkis und einer minimalen Beimengung von Perylengrün zusammen. Bei dem weinroten Blattwerk verwende Ultramarinviolett gemischt mit Kadmiumrot hell und Chromorangeton.

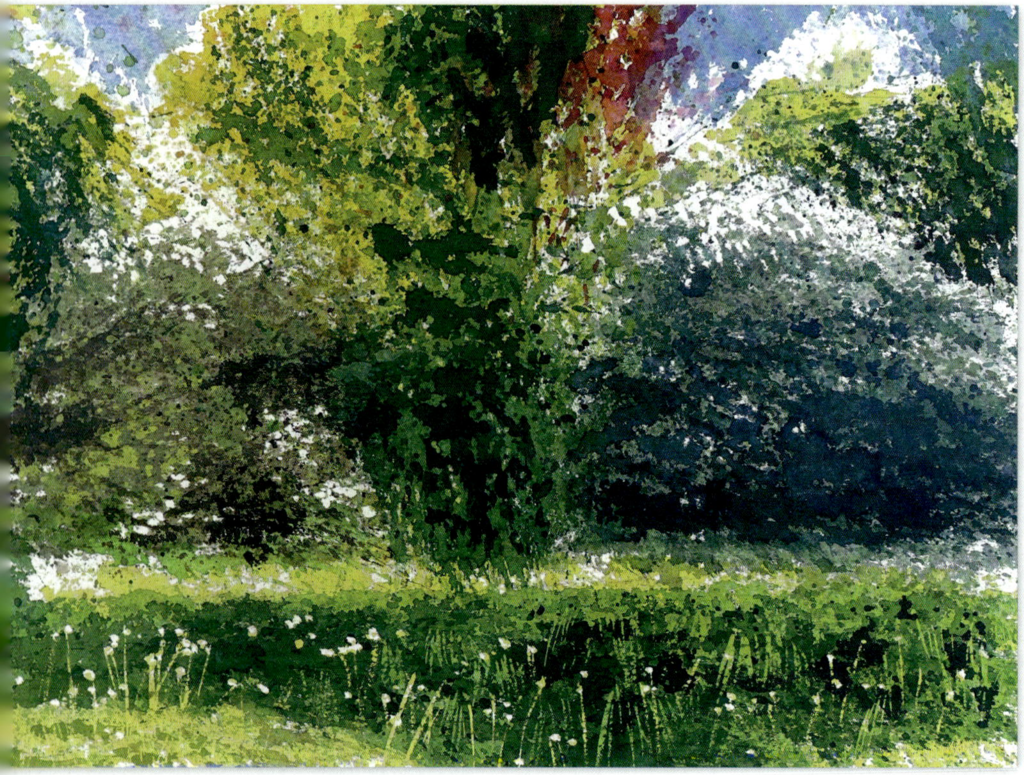

4. Schritt

Du kannst nun entscheidend die Raumillusion verstärken, wenn du noch dunklere Stufen darüberlegst. Der rechte Buschschatten gelingt dir mit Kobalttürkis, Perylengrün und Ultramarinblau. Links erreichst du alle Schattierungen mit Titanweiß, Vandyckbraun, Maigrün und Zitronengelb. Jetzt fehlen nur noch einige Dunkelheiten in dem frischen Gras und den hellgrün blühenden Sträuchern. Verwende auch hier wieder eine Mischung aus Maigrün und Hookersgrün. Wenn du beim Mischen unsicher bist, dann verlasse dich auf dein Auge und dein Gefühl. Sind alle Farbstufen abgetrocknet, dann kannst du dich mit dem Entfernen der maskierten Linien und Punkte belohnen.

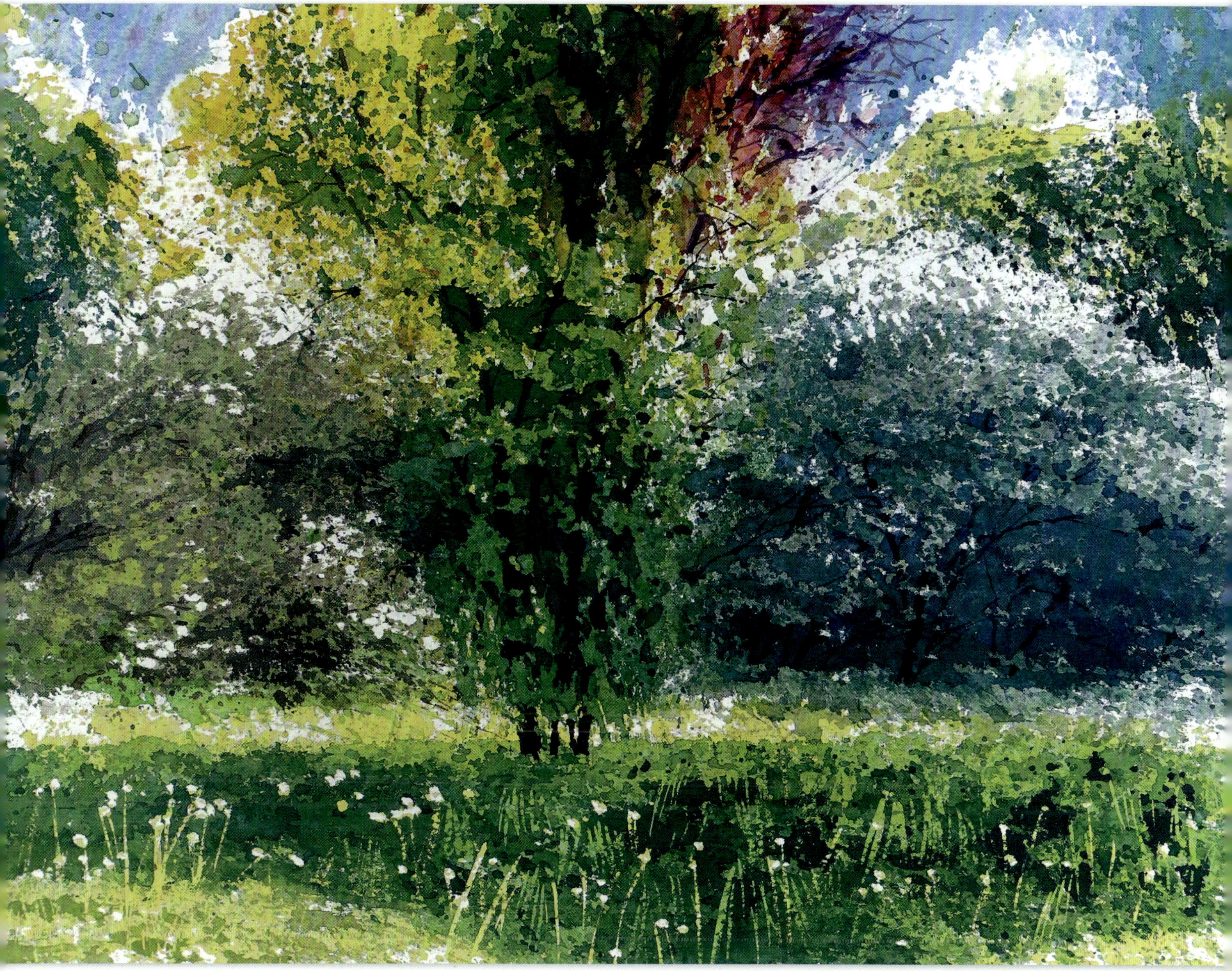

Fertiges Bild

Die gelben Blütenstängel in der Wiese sind bisher die einzigen Linien auf dem Aquarell. Die entscheidende Bildtiefe kannst du jetzt mit Zweigen aus Vandyckbraun, Perylengrün, Ultramarinviolett und Neutraltinte erreichen und den Schattenbereich zum Leben erwecken. Der verblüffende Raumeffekt in den Details verändert fundamental das Aquarell. Mit den einfachen Astandeutungen gelingt dir eine überraschende, sehr wirklichkeitsgetreue Bildwirkung.

Abendstimmung

Du brauchst:

Aquarellpapier, rau, 300 g/m², 28 cm × 38 cm

Aquarellfarben in
- Zitronengelb
- Indischgelb
- Chromorangeton
- Maigrün
- Saftgrün
- Bergblau
- Grünoliv
- Ultramarin feinst
- Brillant Blauviolett
- Brillant Rotviolett
- Lichter Ocker
- Siena natur
- Neutraltinte
- Vandyckbraun

Malerkrepp

Maskierflüssigkeit

Bleistift, B4

Pinsel s. S. 8

Mit der Maskierflüssigkeit entstehen leuchtende Zwischenräume. Sie ist heutzutage ein oft verwendetes Hilfsmittel, um das Papier zu schützen. In diesem Motiv eines Waldwegs wird sie sehr eigenwillig und experimentell eingesetzt. Abgedeckte Äste und Blätter erscheinen hell vor dem dunklen Blattdschungel und gliedern zugleich die Komposition. Die maskierten Bildstellen wirken faszinierend abstrakt und leuchten dir entgegen.

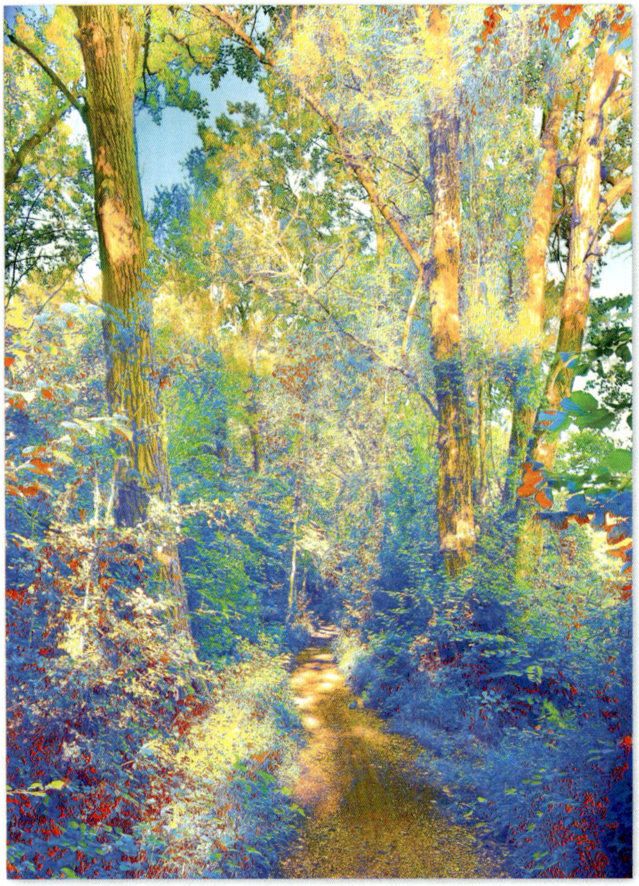

Motivvorlage

In diesem farblich verfremdeten Foto verwandeln die Lichtstrahlen einen Waldweg in ein sinnliches Erlebnis. Hell erleuchtete Zweige werden von geheimnisvollen Grünschattierungen umrahmt. Wie vergoldet strahlen die gelben Blätter aus dem Walddschungel. Der Natureindruck wird zum Inbegriff des Spätherbstes. Vom Licht beschienene Blätter fügen sich zu einer Diagonale von links unten nach rechts oben. Der blaue Schattenbereich reicht von links oben nach rechts unten. Die Farbveränderungen im Foto kommen einem Aquarell schon sehr nahe.

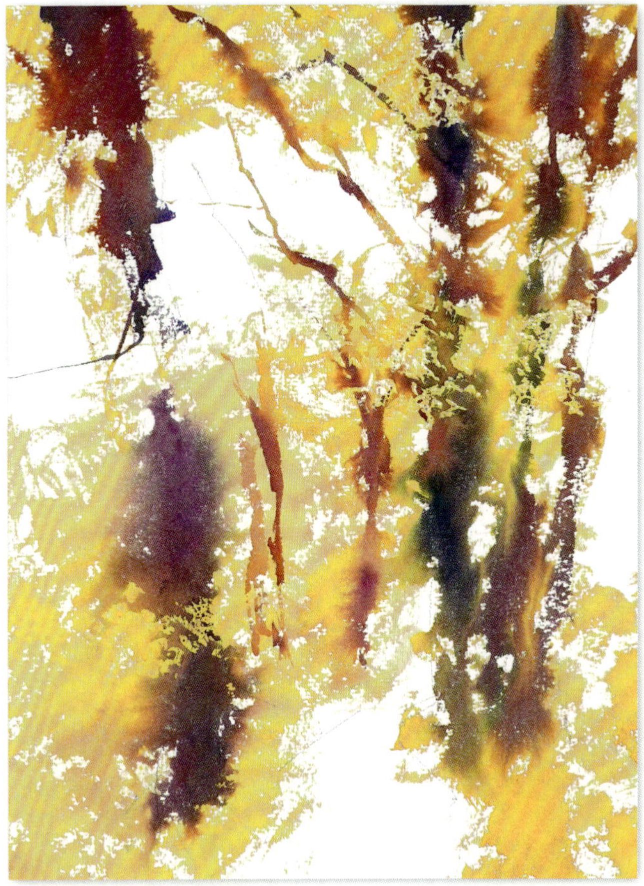

1. Schritt

Lege mit einer Bleistiftskizze die Unterschiede der Bäume fest. Entscheidend ist hier auch der Weg. Er schlängelt sich in die Tiefe und endet bei einem Drittel der Blatthöhe. Gestalte die Dicke der Bäume und ihre Neigung unterschiedlich. Studiere genau das Licht des Motivs und verteile gelbe Flächen dort, wo vom Licht beschienene Blätter vor den vier Bäumen schweben. Mit gespreiztem Pinsel und kreisenden Bewegungen kannst du schon bei der ersten Anlage mit Zitronengelb und Indischgelb den floralen Charakter erfassen. Ist die Farbe komplett getrocknet, decke mit durchsichtiger Maskierflüssigkeit die hellsten Blätter ab.

2. Schritt

Vergrößere die gelben Flächen dem Motiv entsprechend über das ganze Laubdickicht. Durch kreisende Bewegungen mit einem gespreizten Pinsel bleiben weiße, unregelmäßige Papierstellen in den aus Zitronengelb und Indischgelb bestehenden Flächen. Die weißen Punkte sind für die Lichtwirkung entscheidend. Male in die feuchte Aquarellfarbe mit Brillant Blauviolett, Brillant Rotviolett und Lichter Ocker die dunklen Stammrinden. Die entstehenden unscharfen Verläufe in der gelben Farbe steigern die spätere Lichtwirkung. Die mit Maskierflüssigkeit abgedeckten gelben Stellen schweben nun leuchtend vor den dunklen Bäumen.

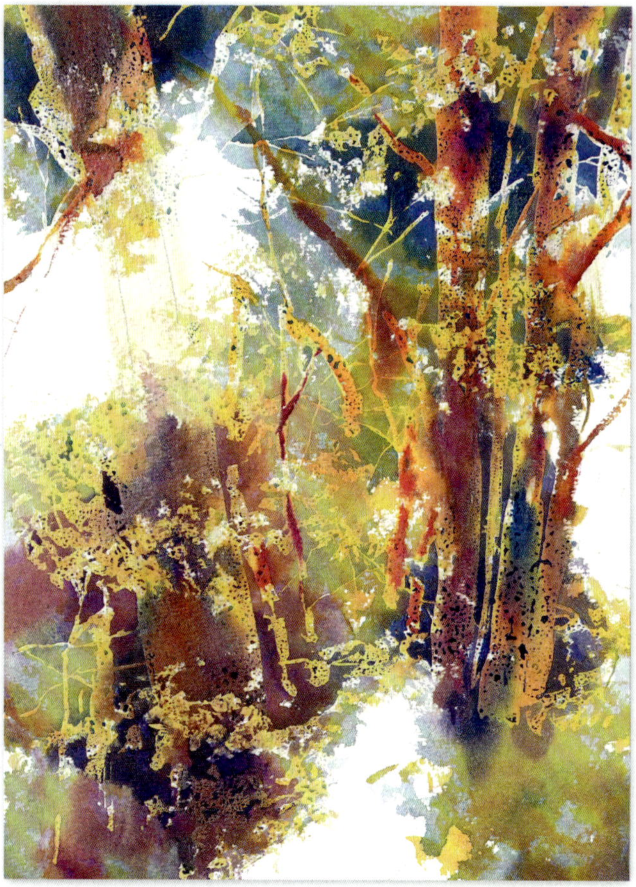

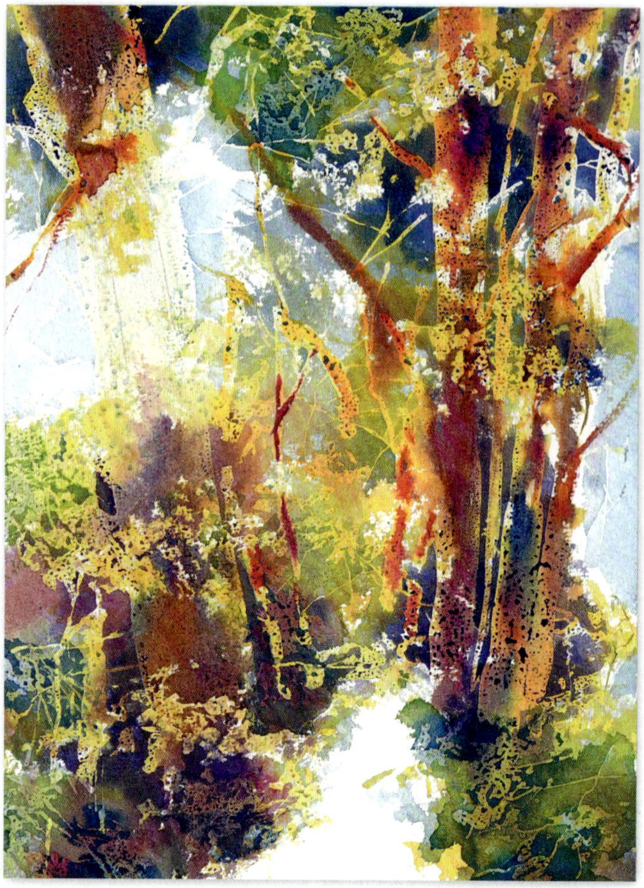

3. Schritt

Male in die gelben Flächen weitere Stängel und Blätterbüschel mit Maskierflüssigkeit. Decke großzügig die aufstrebenden dunklen Stämme und Zweige mit Maskierflüssigkeit ab. Verteile mit derselben Pinseltechnik Bergblau über die nun getrocknete gelbe Farbe und die ebenfalls getrocknete Maskierflüssigkeit. Vertiefe die Schatten um die abgedeckten Stämme mit Ultramarin feinst, Brillant Blauviolett und Brillant Rotviolett. Die entstehende Farbigkeit gibt es nicht als fertige Aquarellfarbe, und sie gelingt dir auch nicht durch das Mischen auf der Palette.

4. Schritt

Male wiederholt mit blauer oder durchsichtiger Maskierflüssigkeit über die trockenen hellgrünen Farbpartien Blätter und Zweige. Deute auch dünne Zweige mit Neutraltinte und Siena natur im Himmel an. Übermale die neu abgedeckten Partien mit Ultramarin feinst, Maigrün, Saftgrün und Grünoliv. Fülle die noch weißen Himmelsdurchblicke mit Bergblau aus. Wichtig sind hier vor allem die Schatten am oberen und unteren Bildrand. Dunkle Akzente am rechten und linken Bildrand verleihen dem Aquarell eine starke Perspektive.

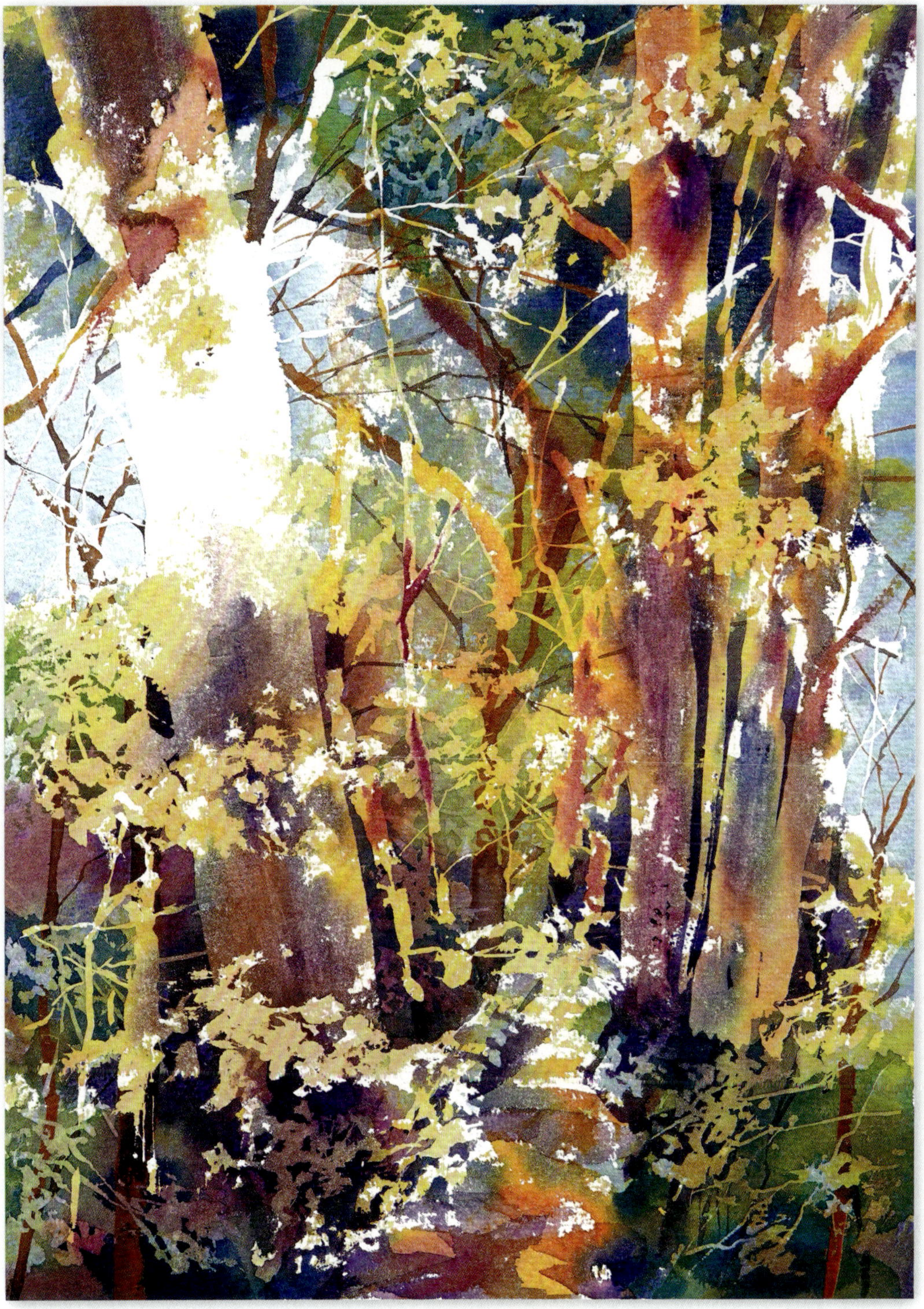

Fertiges Bild

Bevor du nun die getrocknete Maskierflüssigkeit entfernst, ergänze als letzten Schritt die dunklen Äste mit Neutraltinte und Vandyckbraun.

Sie verbinden mit ihren Verzweigungen alle hellen Zweige und Stämme im Bild und verleihen dem Aquarell eine Tiefenwirkung. Du erhältst die Leichtigkeit des Aquarells, wenn die dunklen Äste unter dem von hellem Licht beschienenen Astwerk liegen. Gestalte den von Licht beschienenen Weg mit Chromorangeton, Brillant Blauviolett und Brillant Rotviolett. Das Aquarell hebt sich farbintensiv und expressionistisch von dem Vorlage-Foto ab. Ein lockeres Aquarell lebt durch seine malerische Reduzierung und entwickelt dadurch einen künstlerischen Reiz.

Herbstflimmern

Du brauchst:

Aquarellpapier, rau, 300 g/m², 28 cm × 38 cm

Aquarellfarben in
- Zitronengelb
- Kadmiumgelb mittel
- Indischgelb
- Lasur Ocker
- Siena gebrannt
- Maigrün
- Perylengrün
- Bergblau
- Ultramarinviolett
- Kobalttürkis
- Brillant Blauviolett
- Brillant Rotviolett
- Neutraltinte
- Paynesgrau bläulich
- Vandyckbraun

Malerkrepp

Maskierflüssigkeit

Bleistift, B4

Pinsel s. S. 8

Während der Jahreszeiten bedienen sich die Bäume an der ganzen Farbskala. Kein anderes Motiv lässt dir so viel Freiheit, und genau diese Freiheit ist für die Aquarellmalerei auch wichtig.
Versuche die Realität mit der Leuchtkraft des Aquarells zu übertreffen. Die Spritztechnik eröffnet dir hier einen großen Spielraum. Mit deinen Lieblingsfarben kannst du ein schillerndes Mosaik auf das Papier zaubern. Durch die Technik wird der Farbauftrag mit der hauchdünnen Aquarellschicht viel leichter.

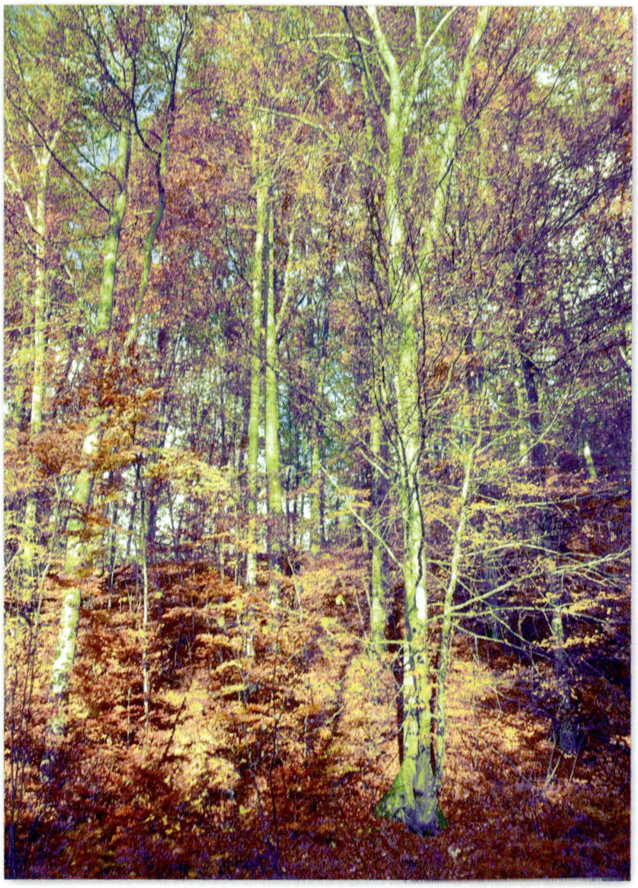

Motivvorlage

Der Herbst wird bekanntlich nicht umsonst als der ‚Maler der Jahreszeiten' bezeichnet. Er lässt die Natur in den schönsten Farben leuchten. Viele Lichtpunkte tanzen ineinander und verschmelzen mit violettbraunen Blättern, die den Waldboden bedecken. Die von der Herbstsonne beschienenen Stämme und Astverzweigungen zeigen sich als Lichtsäulen, die dem Flimmern, einem funkelnden Kronleuchter gleich, Halt geben.

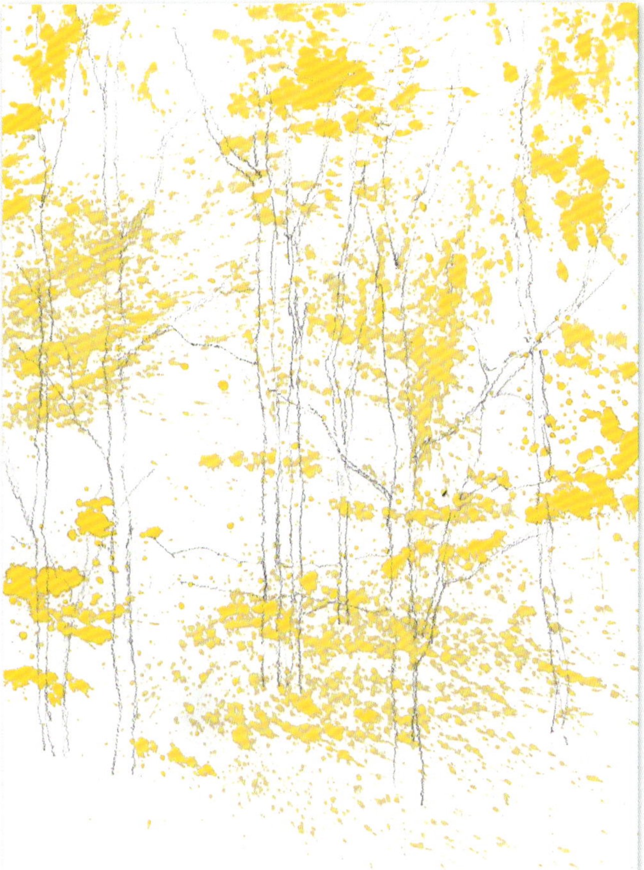

1. Schritt

Bei dieser dichten Aufreihung von schmalen Bäumen solltest du die blauen Zwischenräume verstärkt hervorheben. Skizziere die markant hervortretenden Bäume auf deinem Aquarellblatt. Wähle unterschiedliche Abstände, damit der lichte Durchblick durch die Birkenstämme für den Betrachter abwechslungsreich und spannend erscheint. Beachte auch die diagonal aufragenden, dünnen Äste. Sie sind für die grafische Vernetzung und glaubhafte Darstellung des Waldausschnittes immens wichtig. Zitronengelb eignet sich hier als erste Farbanlage hervorragend.

2. Schritt

Orientiere dich an den Gelbtönen in der Vorlage. Für die dunklen Farbklänge wähle Kadmiumgelb mittel gemischt mit Indischgelb und beende die Farbschichten mit reinem Indischgelb. Lasse die Schicht teilweise trocknen, aber auch in die feuchte Farbe einfließen. Spritze senkrecht, waagerecht und diagonal. Lege über die Himmelsflächen Kartonschablonen. Mit zu viel Gelbtönen an dieser Stelle würde sich dein Blau grün färben und der leuchtende Kontrast von Blau-Gelb bis Blau-Orange verloren gehen.

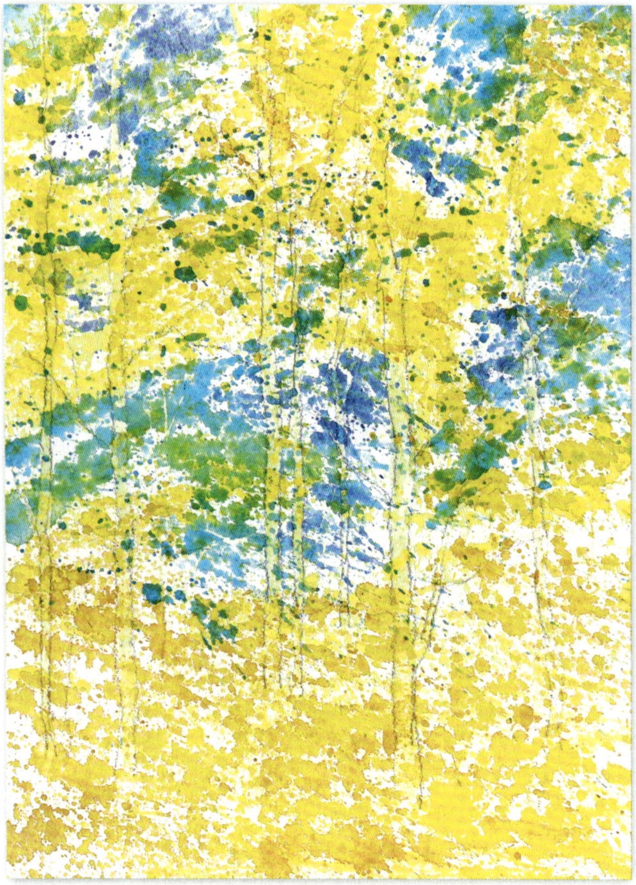

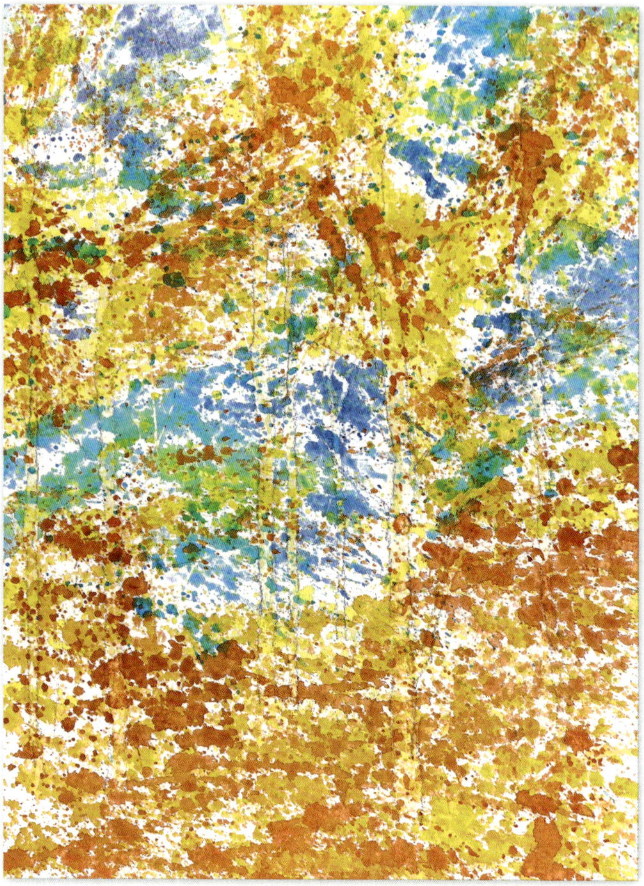

3. Schritt

Die weißen Flächen wirken wie ausgeschnitten, aber die harten Übergänge verbinden sich mit den nun folgenden Farbschritten. Überdecke die dünnen Bäume mit Maskierflüssigkeit, bevor du die Himmelsfarben in Spritzern verteilst. In die noch freien unteren Flächen spritze Kobalttürkis und einige Punkte Bergblau. Drehe in der oberen Hälfte die Farbverhältnisse um. Verwende hier mehr Bergblau und tropfe nur einige Punkte in Kobalttürkis dazwischen.

4. Schritt

Bereichere die intensive Gelbmischung mit Lasur Ocker und Siena gebrannt. Wähle auch hier wieder dieselbe Richtung der Farbtropfen. Es entstehen unterschiedliche Blätterrichtungen, die die Komposition entscheiden. Die Farbintensität kann sich so verdichten, dass immer weniger Papier sichtbar bleibt. Schütze auch hier mit Kartonschablonen die blauen Flächen.

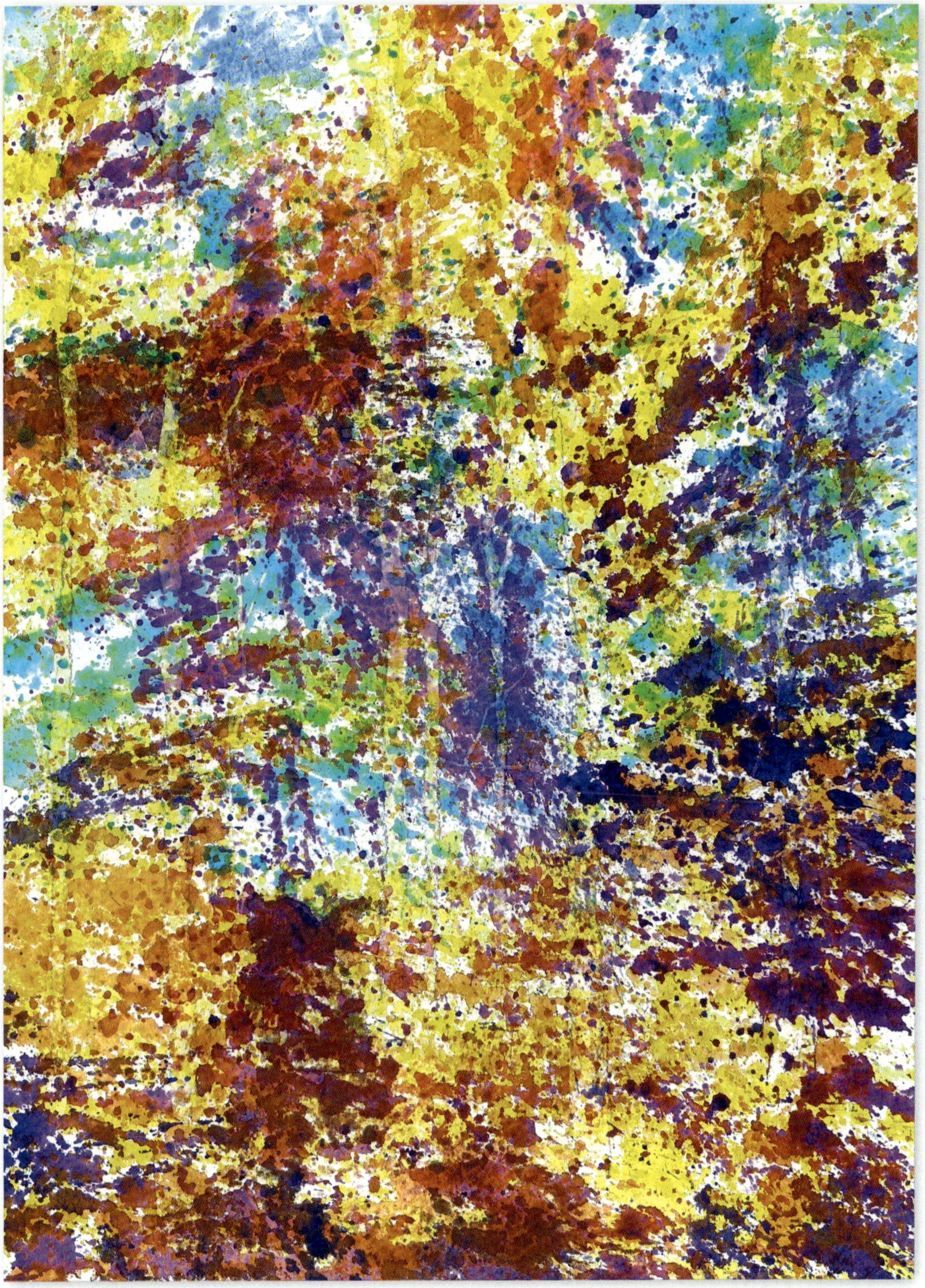

5. Schritt
Bei diesem Schritt kannst du alle leuchtenden Farbkontraste der Fotovorlage im Aquarell verteilen. In dieser Phase verdichten sich die Farben zu einem strahlenden Mosaik. Belebe mit wässrig hellem Brillant Rotviolett und Brillant Blauviolett die Himmelsflächen. Den rechten Bildrand dunkle mit Ultramarinviolett ab und verstärke die rechte untere Ecke mit sattem Brillant Rotviolett. Den kompletten unteren Bildrand übersäe mit Brillant Rotviolett, Brillant Blauviolett und Siena gebrannt. Verteile dieselben Farbklänge in der oberen Hälfte.

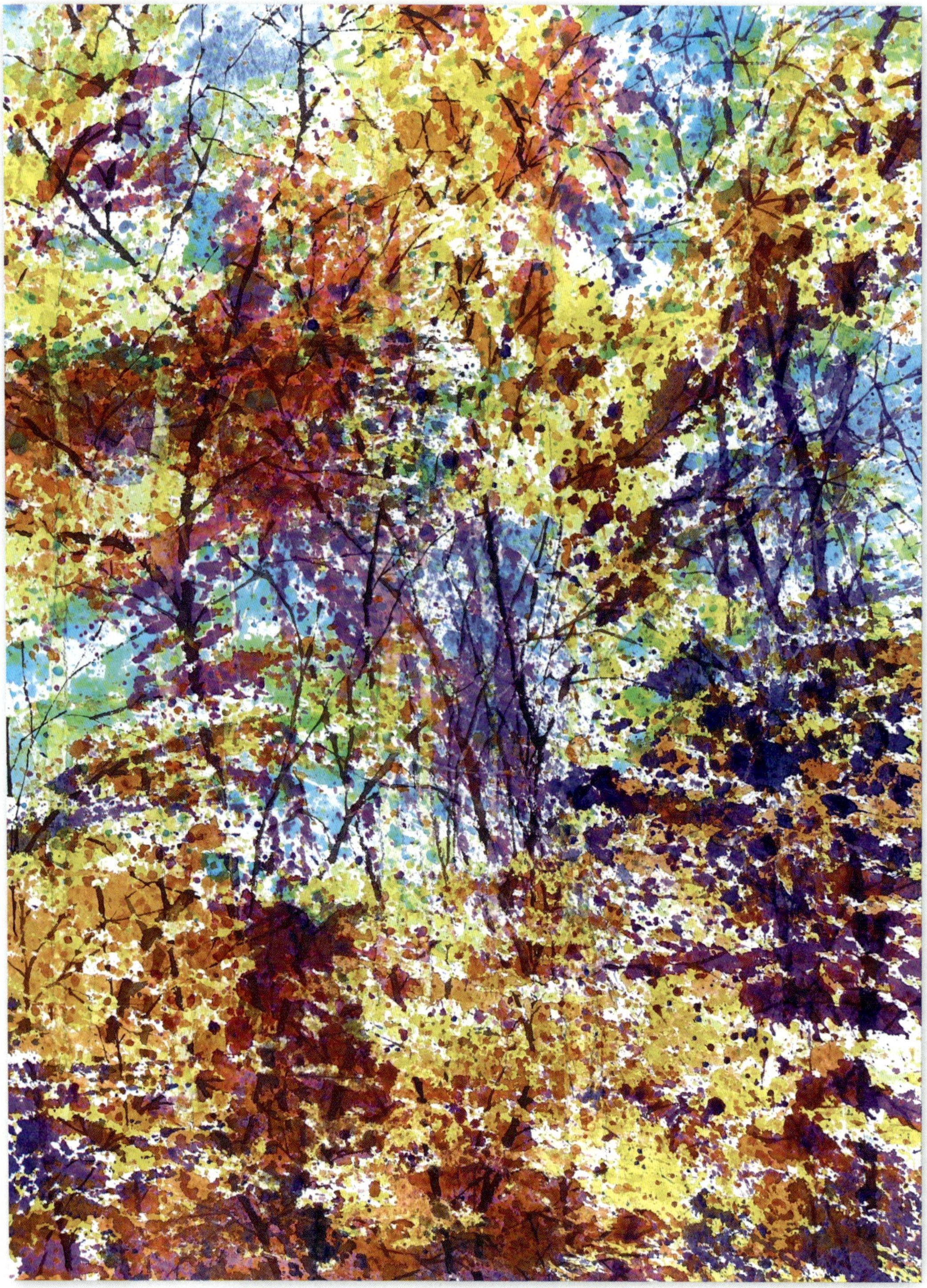

6. Schritt

Male kleinste Astverzweigungen und filigranes Unterholz hinter die abgedeckten Stämme. Durchkreuze mit den Linien nicht das gelborangefarbene Blattwerk. Bereichere dabei mit der unterschiedlichen Leuchtkraft deiner dunklen Farben das Blätterrauschen. Farbmischungen zaubern das gewisse Etwas ins Aquarell.

In der Natur entdeckst du die ganze Farbpalette in den Baumrinden. Deshalb gewinnt dein Aquarell an Realität, wenn du die Verästelungen nicht nur in Neutraltinte, sondern auch in Perylengrün, Vandyckbraun, Paynesgrau bläulich und Brillant Blauviolett malst.

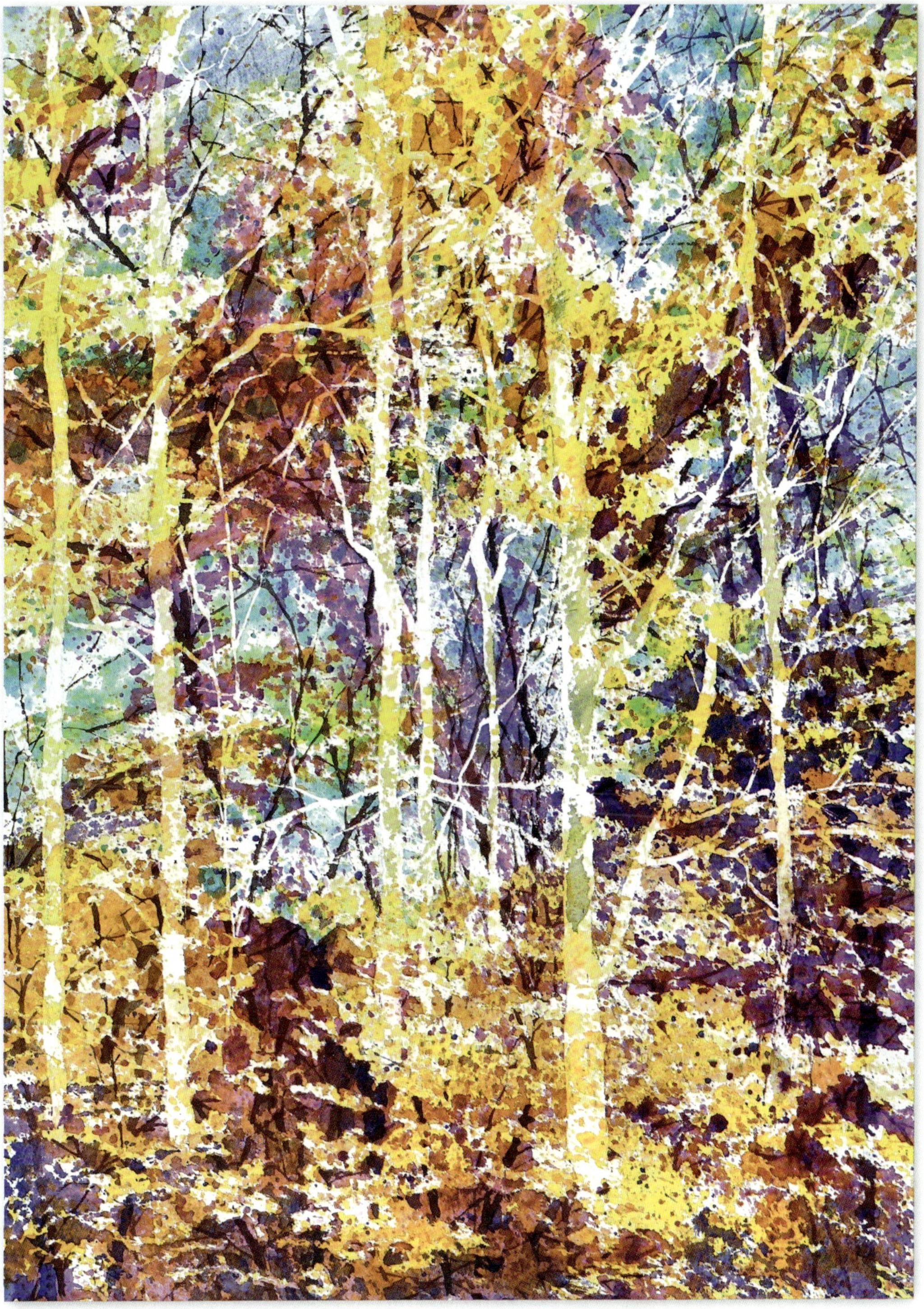

Fertiges Bild

Entferne nun den kompletten Maskierfilm. Mit einem Lichtnetz vergleichbar durchspannt das weiße Geäst den Wald. Male leichte Tupfer und Pinselschlieren aus Zitronengelb und Maigrün in die noch weißen Stämme und verleihe ihnen damit Plastizität. Der kühle Pastellklang harmonisiert den Farbenrausch. Das Aquarell übertrifft in seiner bunten Blätterlandschaft die Realität. Das ist aber auch das Privileg der Malerei. Du könntest den Stämmen natürlich noch mehr Farbe geben, um näher an die Motivvorlage zu kommen, aber genau dieser abstrakte Charakter steigert den Ausdruck und entspricht der Seele des Aquarells.

Laubwald im Herbst

Du brauchst:

Aquarellpapier, rau, 300 g/m², 28 cm × 38 cm

Aquarellfarben in
- Zitronengelb
- Kadmiumgelb hell
- Kadmiumgelb mittel
- Indischgelb
- Kadmiumrot hell
- Chromorangeton
- Dunkelrot
- Siena natur
- Siena gebrannt
- Umbra natur
- Kastanienbraun
- Grünoliv
- Perylengrün
- Bergblau
- Ultramarin feinst
- Kobalttürkis
- Brillant Blauviolett
- Brillant Rotviolett
- Neutraltinte
- Paynesgrau bläulich
- Vandyckbraun

Malerkrepp

Maskierflüssigkeit

Bleistift, B6

Pinsel s. S. 8

Frühling und Sommer zeigen die Schönheit der Grüntöne. Der Herbst verwandelt die Landschaft dagegen in ein leuchtendes Gelb bis hin zu einem kräftigen Tiefrot. Mit diesem Bild erlebst du, wie gelbe, rote und braune Töne eine goldene Farbsymfonie entstehen lassen.
Mit einem Feuerwerk an Farben haben schon Künstler im Impressionismus, Pointillismus und im Jugendstil das Abend- und Morgenlicht einzufangen versucht.

1. Schritt
Zeichne die Bäume mit leichten Umrissen und dem Bleistift auf das Blatt. Spritze mit einem weichen Pinsel horizontale Flächen mit Zitronengelb, Indischgelb, Chromorangeton und einer Mischung aus Zitronengelb und Kadmiumgelb mittel.

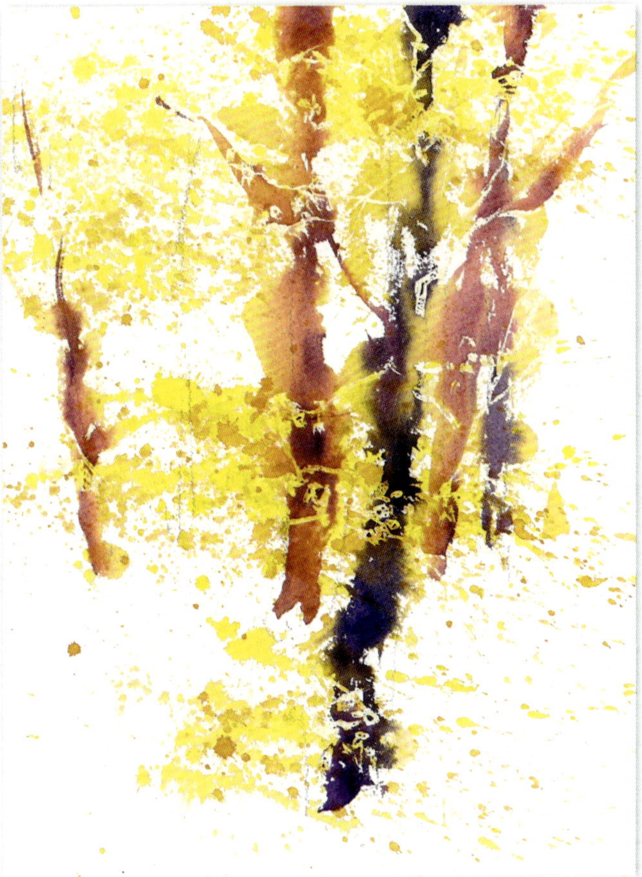

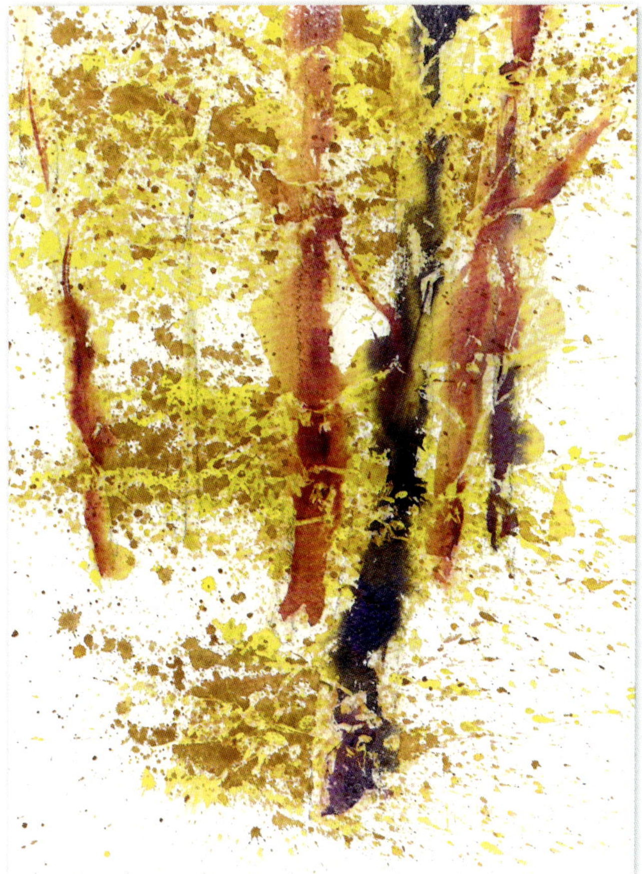

2. Schritt

Decke die Spritzer dort, wo die Baumrinden entstehen sollen, mit Maskierflüssigkeit ab. Ziehe mit Maskierflüssigkeit feine Linien für helle Zweige und für das Waldgestrüpp am Boden. Nimm dafür einen Synthetik-Flachpinsel für Maskierflüssigkeit Nr. 2. Lege mit Zitronengelb die vorderen Baumstämme an und lasse von der rechten Seite Brillant Rotviolett, Ultramarin feinst und Brillant Blauviolett in die gelbe Baumrinde einfließen. Verbinde die kräftigen Stämme zu einer Einheit, aber lasse dazwischen weiße Stellen durchscheinen. Füge die Baumgruppe zu einem locker gesetzten Bildzentrum zusammen.

3. Schritt

Überziehe die gelben Tropfen mit einem dicken Pinsel und Siena natur. Der Braunton wird zum entscheidenden Bindeglied zwischen den warmen Tönen und harmonisiert den Farbklang. Nun kannst du auch die Ästhetik der zusammenstehenden Bäume besser einschätzen. An diesem Zwischenschritt siehst du, ob du genügend Zweige zwischen die Baumgruppe maskiert hast. Denke auch an die dünnen Verästelungen. Sie sind für die spätere natürliche Wirkung sehr entscheidend.

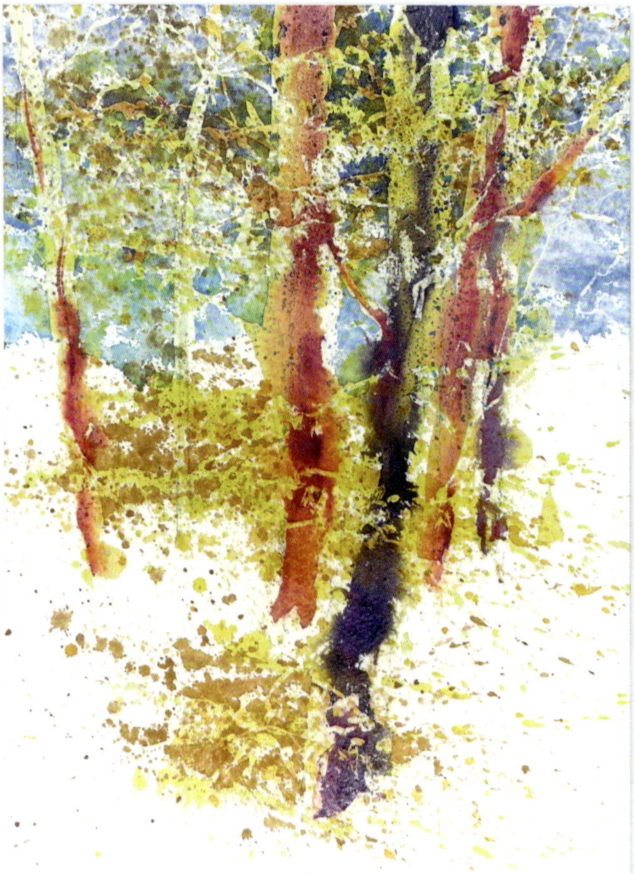

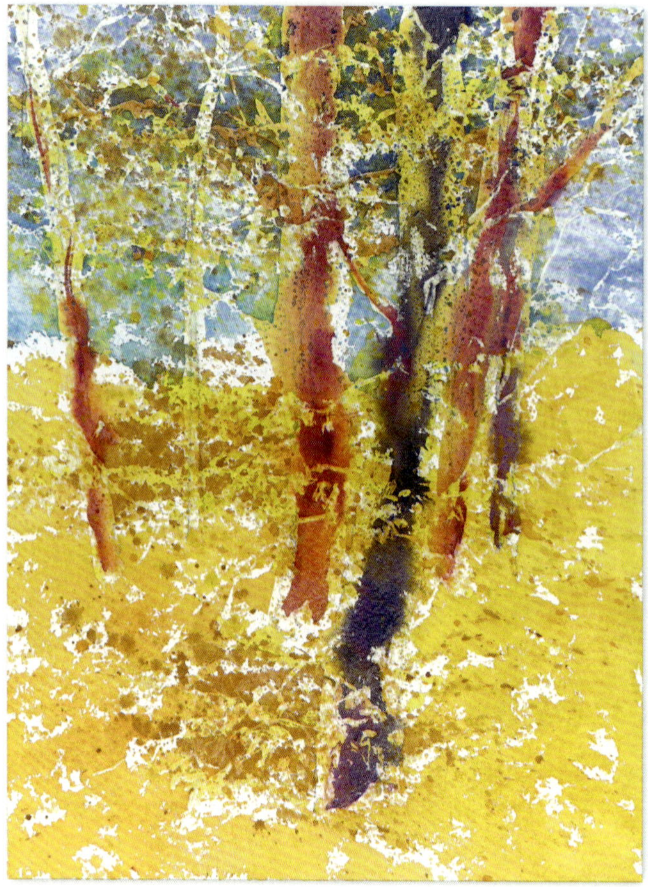

4. Schritt

Spritze den Himmel mit einem dicken, weichen Pinsel, eingetaucht in Bergblau, Kobalttürkis und helles Kobalttürkis. Zuviele weiße Flecken in dem Blau wären hier nicht gut. Male an einigen Stellen das Blau zu einer geschlossenen Fläche. Du siehst jetzt deutlich die maskierten Zweige. An diesem Zwischenschritt kannst du gut erkennen, ob du genügend Zweige zwischen die Baumgruppe gemalt hast. Denke auch an die dünnen Verästelungen. Sie sind für die spätere natürliche Wirkung sehr entscheidend.

5. Schritt

Nun ist der komplett von Herbstlaub bedeckte Waldboden an der Reihe. Decke zuerst die blaugelben Stämme mit Maskierflüssigkeit ab. Überspritze den Boden mit einer Mischung aus Zitronengelb, Kadmiumgelb hell und Kadmiumgelb mittel. Verdichte bis auf wenige weiße Tupfer die gelbe Aquarellfläche mit einem weichen Pinsel, solange die Farbe noch feucht ist. Nur einige Flecken aus Siena natur, Siena gebrannt und Chromorangeton, und fertig ist die leuchtende Farbschicht.

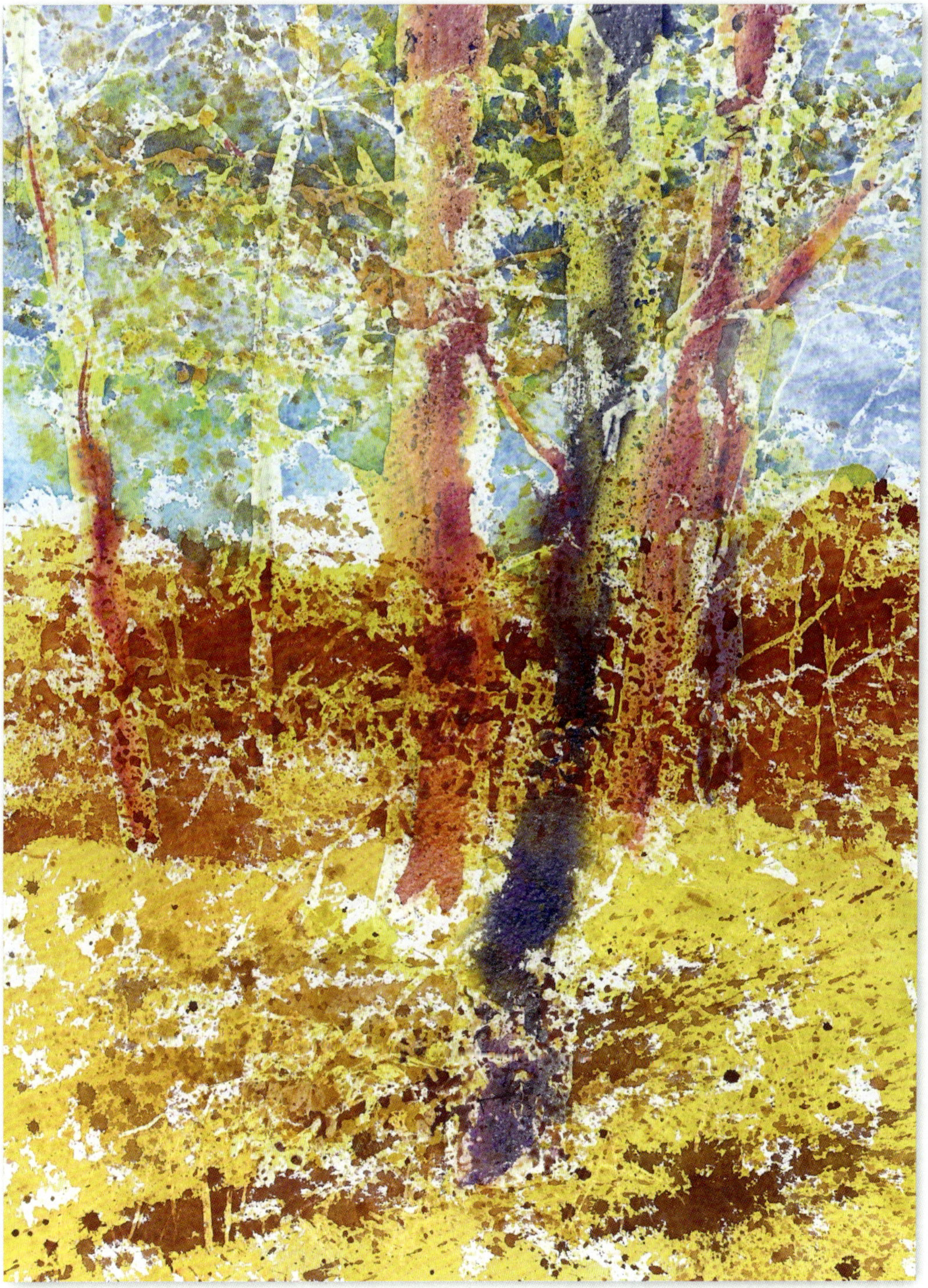

6. Schritt
Kadmiumrot hell, gemischt mit Chromorangeton und Dunkelrot, wird zu perfekten Kontrastpunkten und betonen die Leuchtkraft der Gelbtöne. Achte auf die leicht aufsteigende Diagonale von links unten und den breiten Horizont. Das rote Band ist dabei an den Bildrändern aufgelockert. Der gelbe Krakelier-Bereich schwebt jetzt schon vor der roten, gesprenkelten Fläche.

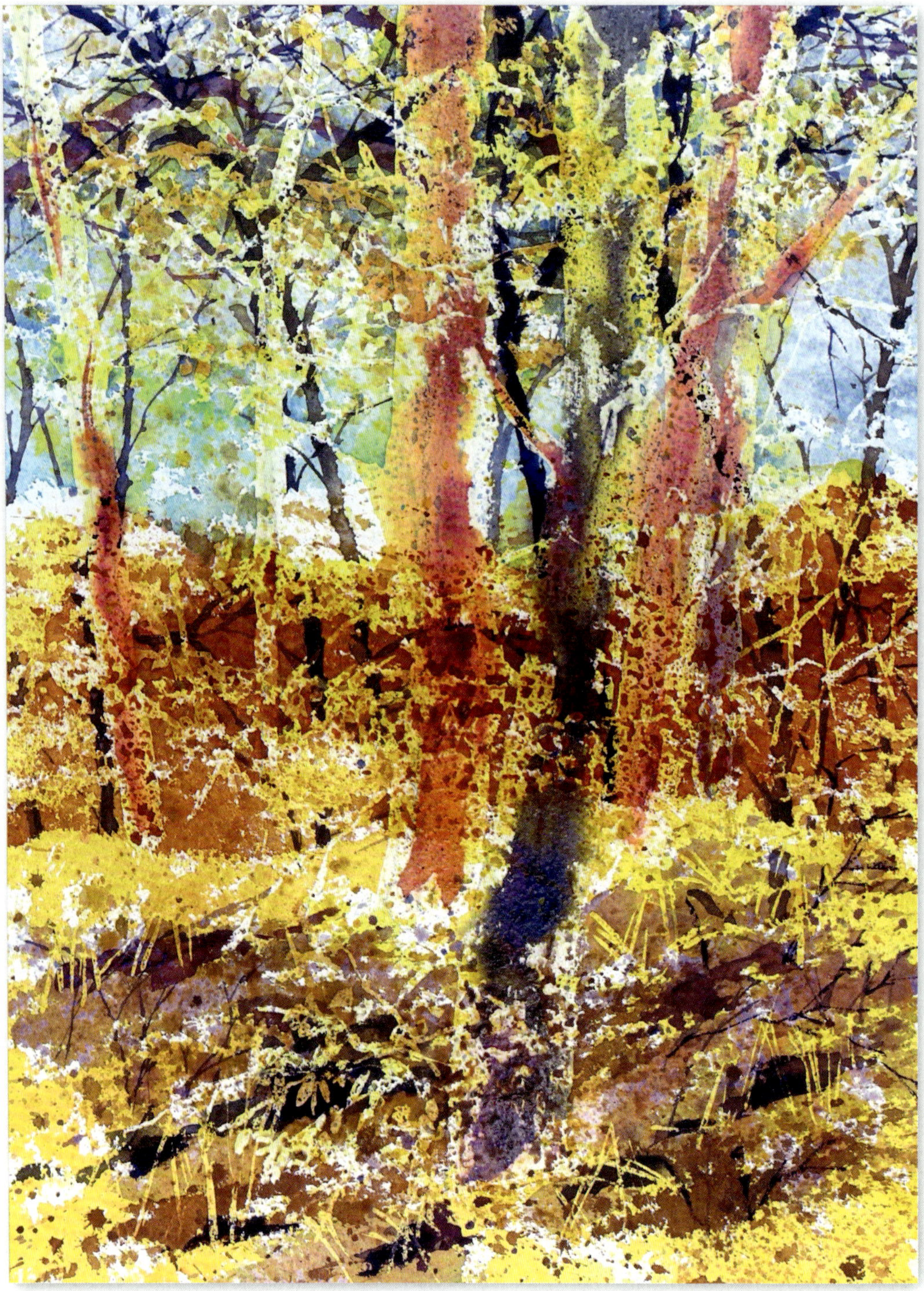

7. Schritt

Spritze mit einer Mischung aus Siena gebrannt und Umbra natur Kontrastpunkte über die beschienenen dürren Blätter des vorderen Baumes. Nun kannst du gut den Hell-Dunkel-Kontrast des Aquarells einschätzen und erkennst, wo dunkle Zweige die einzelnen Stämme verbinden. Verwende hierfür Brillant Blauviolett, Neutraltinte, Paynesgrau bläulich und Vandyckbraun. Neige die jungen Stämme in alle Richtungen. Dir gelingt damit ein perfekter Kontrast zu den leuchtend feurigen und violetten Rinden der vorderen Bäume. Achte auf die feinen Äste am oberen Bildrand. Durch ihre Verdichtung stärkst du die Lichtwirkung des Himmels.

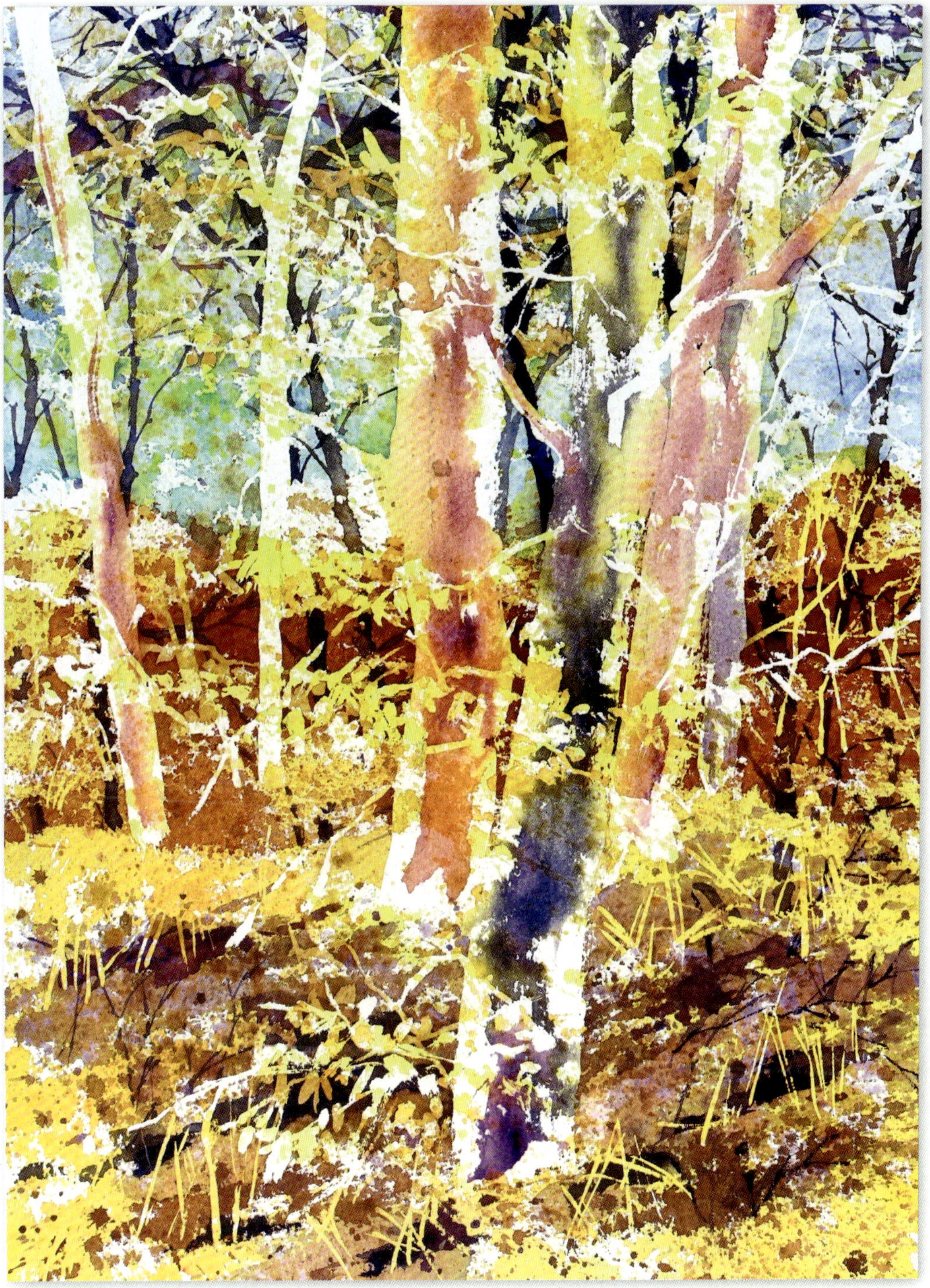

Fertiges Bild
Entferne nun die Maskierflüssigkeit. Betrachte das fast fertige Bild länger, bis du gut beurteilen kannst, wo dunkle Zweige aus Neutraltinte und Vandyckbraun das Licht des Bildes hervorheben. Sie sorgen in der Komposition für Spannung und unterstreichen die Bedeutung des vorderen Baumes als zentralen Blickfang. Die Äste können schnell zu viel werden, also gehe sparsam damit um. Geschickt gesetzt, kannst du mit ihnen den flirrenden und filigranen Charakter des fast entlaubten Herbstwaldes hervorheben. Das Ergebnis ist eine Mischung aus der neuen Technik und einem traditionellen Baumaquarell.

Herbstbaum

Du brauchst:

Aquarellpapier, rau, 300 g/m², 38 cm × 28 cm

Aquarellfarben in
- Bergblau
- Kobalttürkis
- Neutraltinte
- Zitronengelb
- Ultramarinblau
- Siena gebrannt
- Umbra gebrannt
- Lichter Ocker
- Umbra natur
- Krappbraun
- Lampenschwarz
- Olivgrün gelblich
- Tiefsee Schwarz
- Wald Braun
- Vandyckbraun
- Gelborange

Malerkrepp

Maskierflüssigkeit

Bleistift, B6

Pinsel s. S. 8

Studiere Bäume in all ihren Erscheinungsformen. Auch ohne Blätter ergeben sie ein lohnenswertes Bildmotiv. Der Farbenreichtum alter Baumrinden verhilft den Künstlern seit Jahrhunderten zu viel bewunderten Gemälden. Ihre Äste durchspannen verschlungen und ausladend die obere Bildhälfte. Mit den Zweigen erforschst du das Wachstum der Bäume und übst deine feine Linienführung.

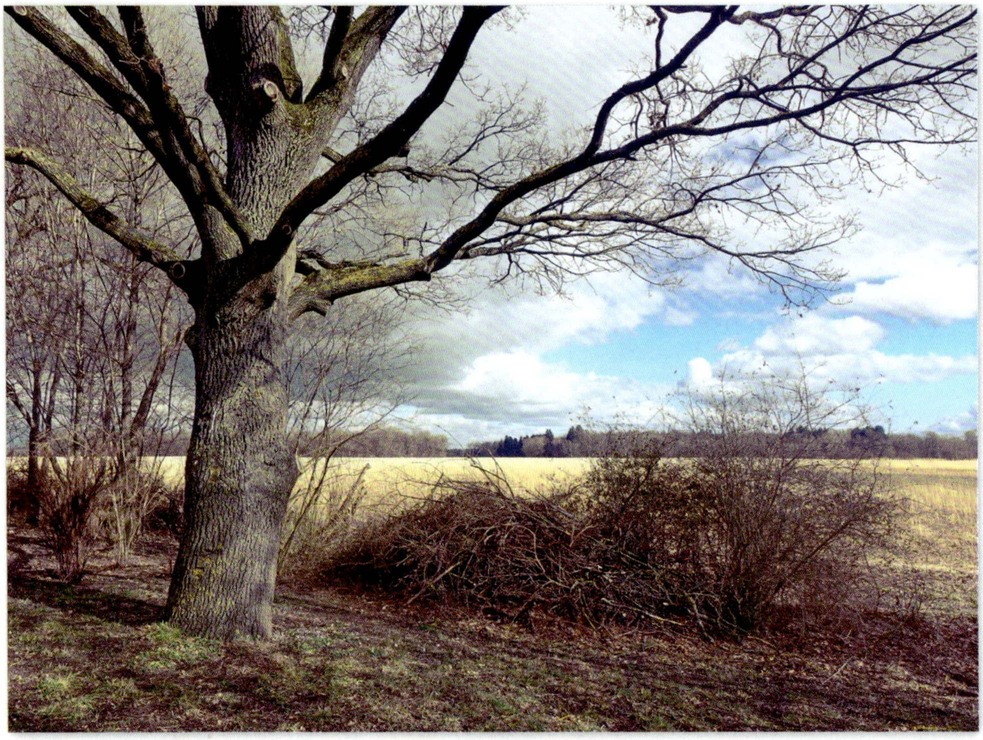

Motivvorlage

Sturm gepeitscht breitet ein entlaubter Herbstbaum seine ausladende Krone in den wolkenverhangenen Himmel aus. Die Herbststürme haben bereits all seine Blätter in die Luft gewirbelt. Letzte Sonnenstrahlen öffnen den Wolkenvorhang und erleuchten die Herbstfarben des gemähten Stoppelfeldes. Wind und Feuchtigkeit legen sich über die Natur, und es riecht nach Schnee. Der blaue Himmelsausschnitt wiederholt sich in dem braunvioletten Unterholz.

1. Schritt

Skizziere den Baum mit einer leichten Biegung nach rechts. Übersteigere die Bewegung des Baumes. Seine imposante Form ist für die Dramatik entscheidend. Decke die Rinde, die dünnen Äste und die Gräser im Unterholz mit Maskierflüssigkeit ab. Der Wolkenvorhang ist durch das Himmelsblau zweigeteilt. Male zuerst die linken Graustufen mit Lampenschwarz, Umbra gebrannt, Ultramarinblau und Neutraltinte und kreiere zum Schluss mit den Blauschattierungen Bergblau und Kobalttürkis das Luftschauspiel. Lege mit Zitronengelb und Gelborange das untere Strohfeld an.

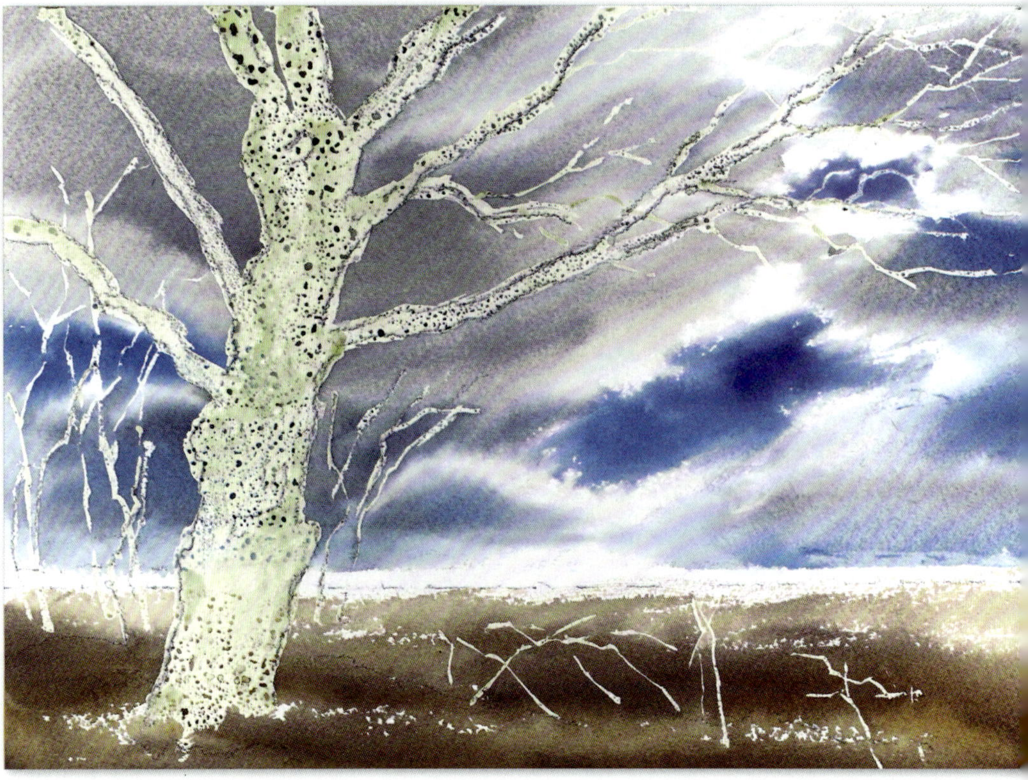

2. Schritt

Modelliere die Baumgruppe am Horizont mit Siena gebrannt, Umbra natur, Gelborange und Vandyckbraun, und du triffst mit diesen Herbsttönen die Stimmung des Novembertages. Reihe die Baumgruppen entlang der Horizontlinie und leicht versetzt um die weiße Horizontkante. Forme den Horizont immer abwechslungsreich, erzählerisch und geheimnisvoll. Auch wenn nicht der erste Blick beim Betrachten des Bildes darauf fällt, entwickelt er in jedem Aquarell eine magische Sehnsuchtswirkung.

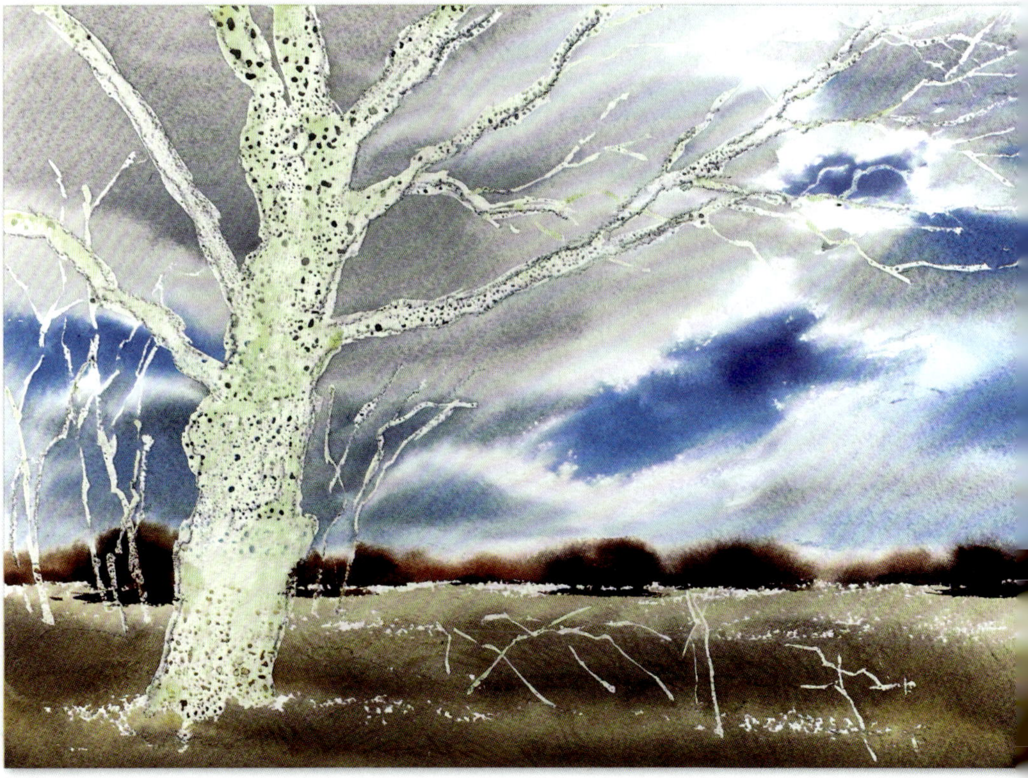

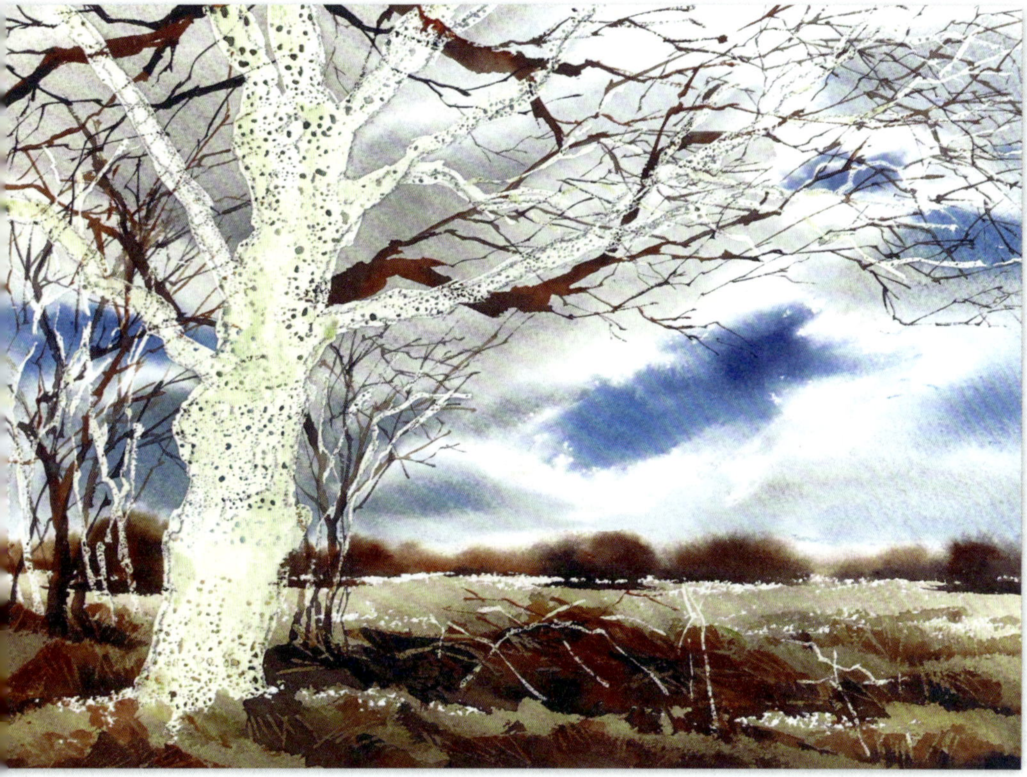

3. Schritt

Tupfe mit Olivgrün gelblich gemischt mit Umbra natur und Siena gebrannt kleine Flächen über die Grashügel am Fuß des Baumes, und du kannst die wellige Erde beinahe spüren. Übermale auch die entlaubten Sträucher in der linken Bildhälfte und das Unterholz mit dünnen Zweigen und Halmen aus Siena gebrannt, Vandyckbraun und Neutraltinte. Gestalte mit einer dünnen Pinselspitze die in die Luft ragenden, feinen Verästelungen. Dieser entlaubte Baum und die Sträucher sind prägend für die Jahreszeit.

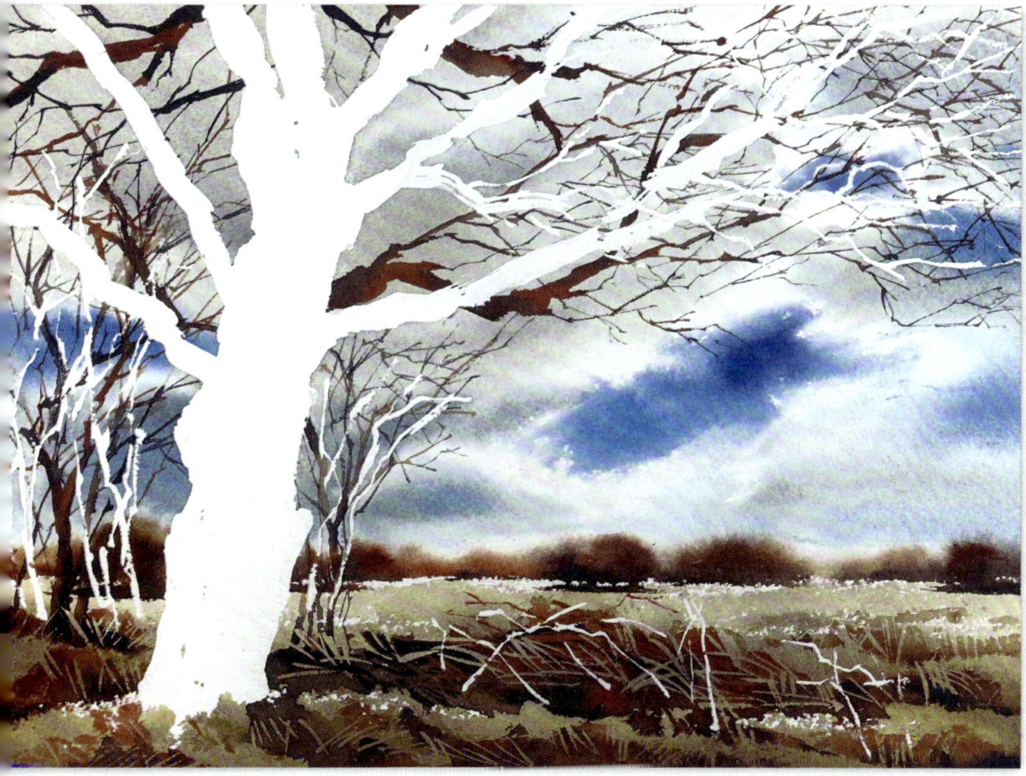

4. Schritt

Entferne jetzt die Maskierflüssigkeit. Die offen gelegten dünnen weißen Striche und Stellen lassen dir nun alle Gestaltungsmöglichkeiten. Deckst du das Geäst nicht ab, dann scheint die untere Farbe durch die hauchdünnen Aquarelllasuren. Das stehengebliebene Weiß hilft dir auch, den Stamm und die Äste lichter wiederzugeben. Die vom Licht beschienene Rinde verstärkt die Lichtdramatik der Wolkenränder. Weiße Stellen heben sich vom Untergrund ab und wirken plastischer.

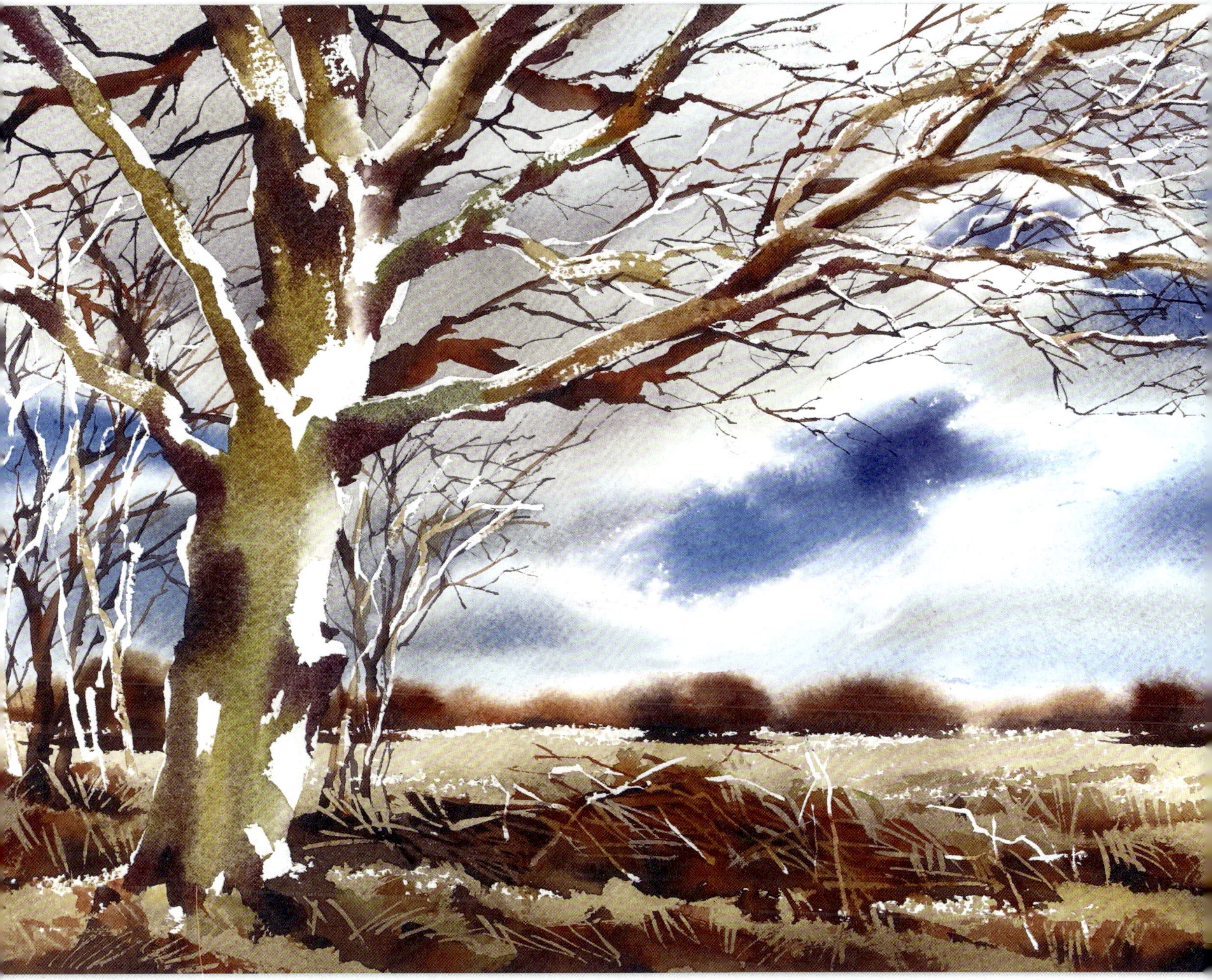

Fertiges Bild
Modelliere den knorrigen Stamm mit einer Mischung aus Tiefsee Schwarz und Wald Braun. Beides sind hoch granulierende Aquarellfarben, die beim Trocknen wunderschöne Strukturen ausbilden. Helle beide Farben mit Olivgrün gelblich, Orangegelb und Lichter Ocker auf. Der Baum dominiert das gesamte Aquarell. Mit denselben Farben und Neutraltinte kannst du das weit ausladende Astwerk verewigen. Du musst nicht jeden Ast wiedergeben. Ein Aquarell ist immer eine künstlerische Interpretation mit großem Gestaltungsfreiraum. Füge dicke und dünne Äste aneinander, bis die Verbindung zwischen einem lockeren Aquarell und der beeindruckenden Erscheinung des Baumes gelungen ist. Verlasse dich dabei auf dein Gespür.

Obstgarten auf einem Schneefeld

Du brauchst:

Aquarellpapier, rau, 300 g/m², 38 cm × 28 cm

Aquarellfarben in
- Lichter Ocker
- Perylengrün
- Bergblau
- Ultramarinblau
- Ultramarinviolett
- Neutraltinte
- Lampenschwarz

Malerkrepp

Bleistift, B4

Pinsel s. S. 8

Die Sonne spiegelt sich in den Schneekristallen. Meine Blicke versinken im Licht. Nur das Knirschen meiner Fußstapfen begleitet mich. Wenn das Aquarell das Privileg der Lichtmalerei für sich gepachtet hat, dann wird die Winterstimmung ein wunderbares Lernfeld. Nichts leuchtet mehr als das weiße, unberührte Büttenpapier. Mit diesem Motiv kannst du in das klassische Aquarell eintauchen.

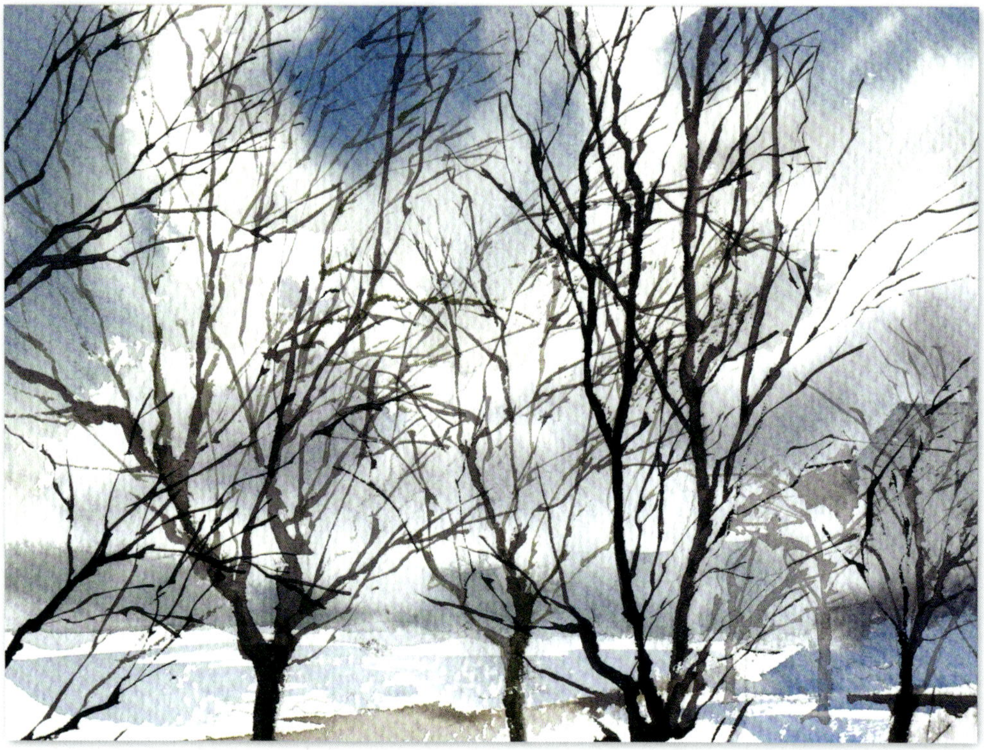

Detail 1

Verwende für die dünnen Äste Lampenschwarz, Perylengrün und Neutraltinte. Die Anzahl der feinen Äste entspricht natürlich nicht der Realität. Vielmehr ist es eine erfundene Verdichtung, die du mit deinem feinen Pinsel aufs Blatt zauberst. Du erkennst beim Malen der feinen Äste, wie du die perfekte Balance zwischen den Durchblicken und den filigranen Ästen erreichst. Mit der landschaftlichen Tiefe zwischen den nahen, entlaubten Obstbäumen und dem entfernten Himmel entdeckst du in diesem Motiv ein optisches Phänomen. Die Wolkenfront hinter den Ästen erscheint unglaublich realistisch. Dunkle Linien weben einen Vorhang, der das dahinter Liegende verschleiert und in die Tiefe rückt.

Detail 2

Im Lichtaquarell findest du einen genialen Schattenwurf. Gelingt dir seine Umsetzung, dann ist deine Farblasur gleichmäßig und du schaffst sie beim ersten Mal. Studiere, wie der Schattenwurf strahlenförmig auf die Schneedecke fällt. Modelliere ihn mit einem feinen Pinsel und sehr wässriger Neutraltinte, mit Ultramarinblau, Ultramarinviolett und Bergblau. Du siehst in diesem Aquarell deutlich, wie eine Farbe in die andere läuft.

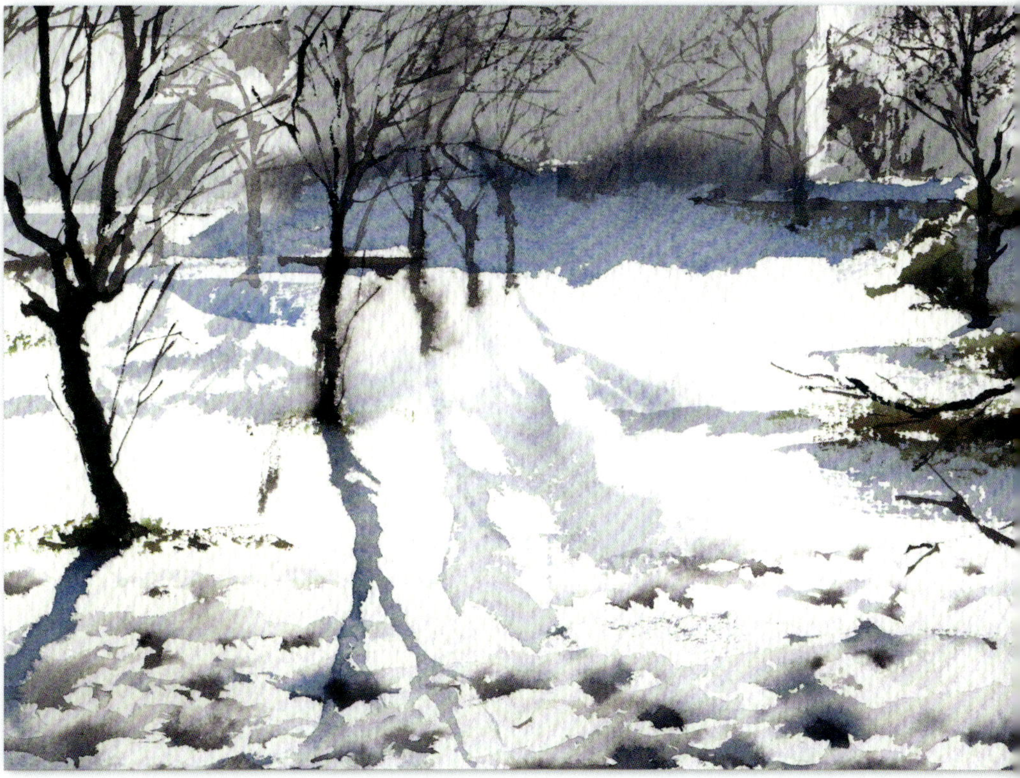

Vorgehensweise

Schneebilder sind gute „Lehrmeister". Weiß ist zwar der „Hauptdarsteller", aber weitere Farbtöne müssen genau platziert sein. Die Winterstimmung zeigt einen abwechslungsreichen Farbrhythmus. Oben leuchtet Bergblau, dann folgt eine von Licht durchströmte Wolkenfront, daran grenzt der Schatten des grauen Hauses an. Verwende für den Schatten Ultramarinviolett gemischt mit Neutraltinte. Der zum Haus führende Obstgarten präsentiert hell- bis dunkelblaue Schatten. Am unteren Aquarellrand wiederholen sich alle blaugrauen Töne in den schmelzenden Schneewellen. Wichtig sind hier noch die Diagonalen der Allee und des ockerfarbenen Weges, die von links unten zum Haus führen. Verwende für den Weg Lichter Ocker. Auch die weißen Ränder, die sich um alle Flächen ziehen, strahlen Licht ins Bild.
Zu Beginn ist es übrigens einfacher, den ruhigen Farbauftrag bei kleineren Flächen zu üben.

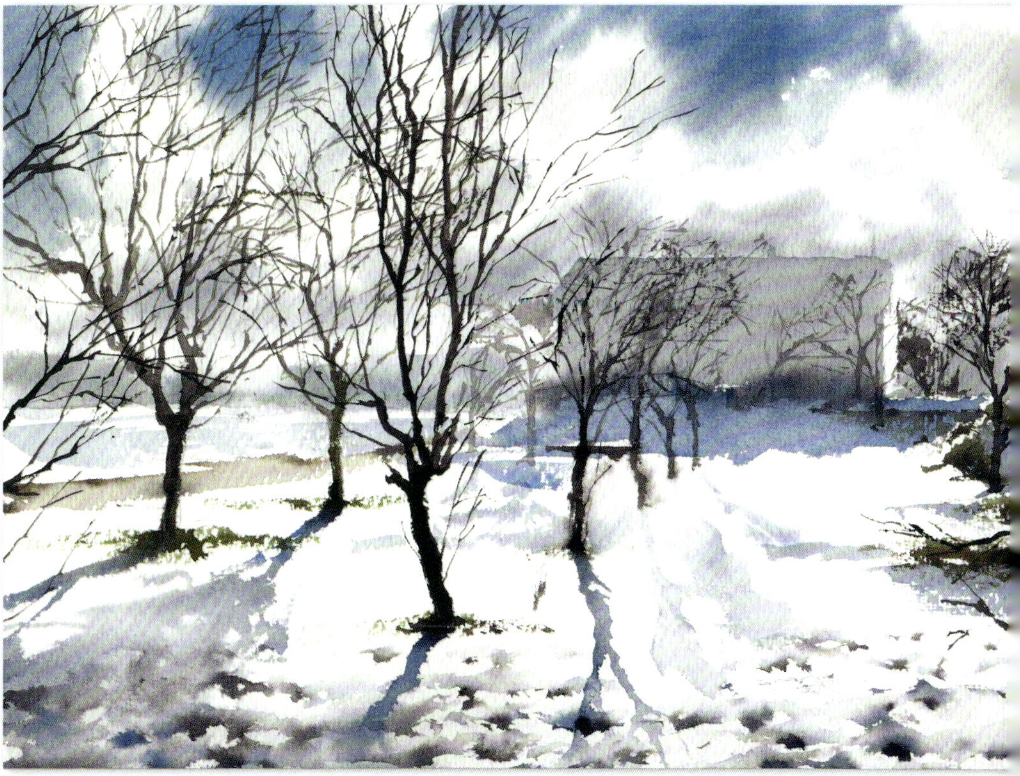

Alter Baum im Winter

Du brauchst:

Aquarellpapier, rau, 300 g/m², 28 cm × 38 cm

Aquarellfarben in
- Kadmiumrot hell
- Lichter Ocker
- Umbra natur
- Grünoliv
- Ultramarinblau
- Neutraltinte
- Paynesgrau bläulich
- Lampenschwarz

Malerkrepp

Bleistift, B4

Pinsel s. S. 8

Der verschneite Boden verändert die Landschaft, und die knorrigen alten Bäume erscheinen wie schwebende Skulpturen. Ausgeschnitten und doch unverrückbar, ragen sie aus der kalten Erde. Mir scheint, als würde der Winter ihre Schönheit erst offenbaren. Sie sind umrahmt von den Grautönen des verhangenen Wintertages. Will ich dem Motiv gerecht werden, dann muss ich die Leichtigkeit der ersten Aquarellschicht schätzen lernen. Diese traditionelle Malweise in Verbindung mit grauen Schneetagen offenbart die Ästhetik einer zurückgenommenen Farbigkeit.

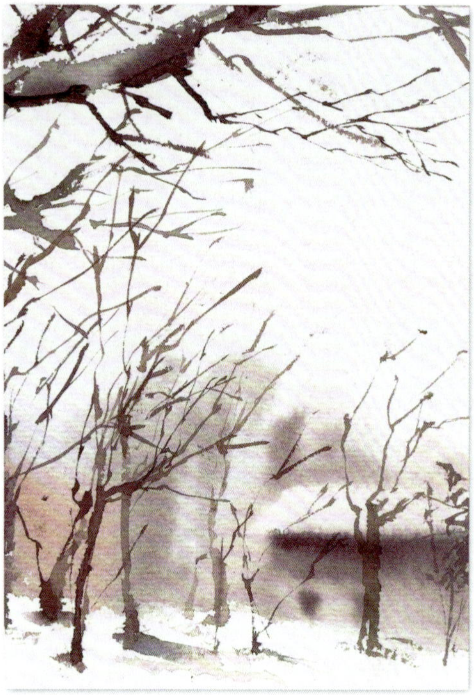

Detail 1

Schärfe und Unschärfe sind entscheidende Gegensätze, die dem Aquarell seine Bildkraft verleihen. In keiner anderen Maltechnik entwickelt die Unschärfe eine vergleichbare Leichtigkeit. Deshalb können sich schon hauchdünn durchscheinende und klar begrenzte Pinselstriche dagegen behaupten. Du spürst richtig die Luft zwischen der im Dunst versinkenden Landschaft und den aus der hellen Schneedecke ragenden Bäumen. Forme mit Neutraltinte und einem feinen Pinsel bewegte Linien, die sich nach links und rechts neigen. Achte auf unterschiedliche Abstände und Baumgrößen. Entwickle einen lebendigen Pinselstrich und Duktus, dann gleicht kein Baum dem anderen.

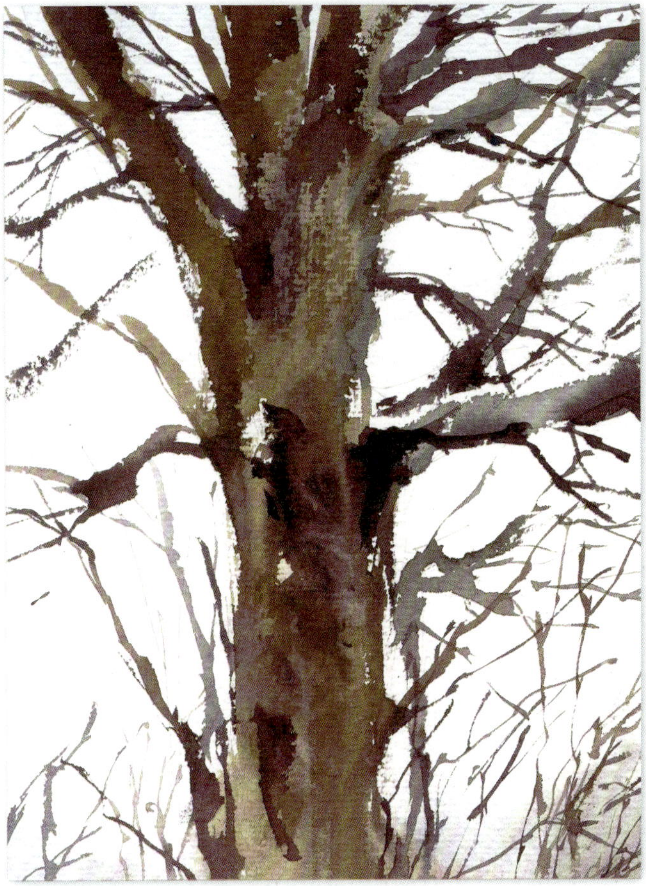

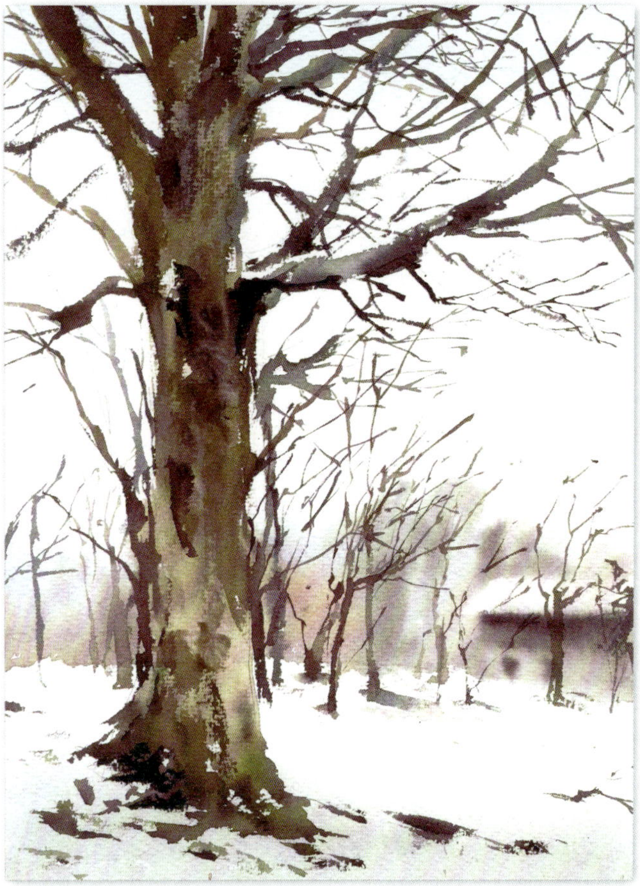

Detail 2

Male unverkrampft drauflos und halte den in Farbe getränkten Pinsel nicht nur senkrecht, sondern auch schräg. Deine Lockerheit belohnt dich mit den ungewöhnlichen Farbverläufen und Pinselstrukturen. Genau der richtige Ansatz, um der Rinde Leben einzuhauchen. Mit dem Skizzenhaften erreichst du viele Farbüberschneidungen. Unterlege den Baum mit einer Mischung aus Lichter Ocker und einem Tropfen Paynesgrau bläulich. Lasse in die noch feuchte Schicht Neutraltinte einfließen. Ist die Farbe gut abgetrocknet, dann spüre mit kräftiger Neutraltinte und Lampenschwarz der verwitterten und moosbedeckten Rinde nach. Belebe die Baumrinde nur mit wenigen, kräftigen Akzenten. Das wohlüberlegte Verhältnis zwischen der durchsichtig lasierten Rinde und den dunklen Pinseltupfern entspricht einem Aquarell.

Vorgehensweise

Die alte Eiche dominiert mit den Ästen ihrer gewaltigen Krone die obere Bildfläche. Teile das Hochformat in einen Dreierrhythmus. Unten das Schneeplateau, im Mittelbereich die vernebelte Landschaft und oben die ausladenden Äste. Noch ist die kühle Himmelsfarbe des verhangenen Wintertages grau, aber ein rosa Schimmer zieht über dem Horizont nach oben. Male mit einer extrem hellen Mischung aus Ultramarinblau und Neutraltinte den Himmel bis zur Schneekante. Ist der Himmel noch feucht, färbe ihn mit einem minimalen Hauch von Kadmiumrot hell ein. Derart verdünnt erscheint der Ton nur noch zartrosa auf dem Papier. Nutze die Restfeuchtigkeit für den verschneiten und nur noch zu erahnenden Dorfrand aus. Färbe den Schnee zum unteren Bildrand stufenlos und kaum sichtbar mit Umbra natur ein. Die Färbung der Wurzeln erreichst du mit Grünoliv. Dieser leuchtende, aufheiternde Farbklecks tut dem Bild gut.

Drei Bäume auf einer Lichtung

Du brauchst:

Aquarellpapier, rau, 300 g/m², 38 cm × 28 cm

Aquarellfarben in
- Zitronengelb
- Kadmiumgelb hell
- Indischgelb
- Chromorangeton
- Siena natur
- Umbra natur
- Maigrün
- Hookersgrün
- Grünoliv
- Bergblau
- Ultramarin feinst
- Ultramarinviolett
- Neutraltinte
- Vandyckbraun

Malerkrepp

Bleistift, B4

Pinsel s. S. 8

Mit diesem Bild erahnst du, welche Möglichkeiten die neue Technik bereithält. Durch das Spritzen entstehen unglaubliche Zufallsflächen mit den verrücktesten Farbmustern. Entscheidend ist die letzte dunkle Schicht, die hier aus Grünoliv, Hookersgrün und Siena natur besteht. Verteile die freistehenden Bäume auf der Lichtung und male sie mit einem unterschiedlichen Farbmuster. Zum Erlernen der Technik ist es leichter, jedem Baum eine andere Färbung zu geben.

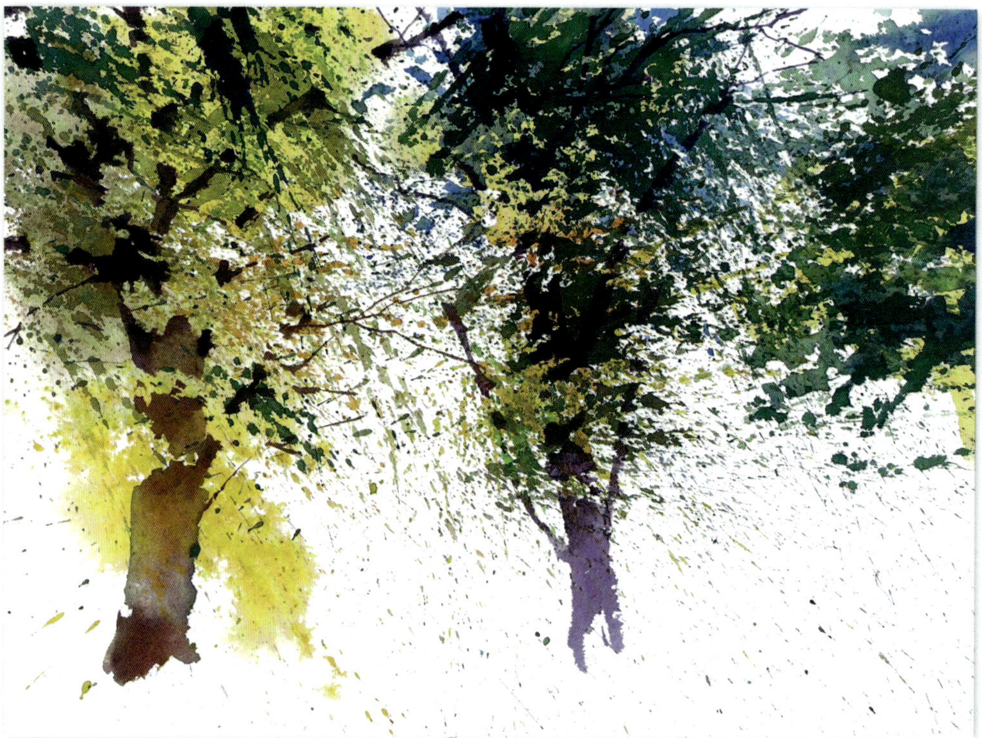

Detail 1

Spritze einfach darauf los und entdecke die tollsten Farbmischungen und Strukturen. Die letzte, dunkle Schicht im mittleren Baum lässt nur wenige helle Punkte aus Zitronengelb, Kadmiumgelb hell, Indischgelb und Chromorangeton in der Fläche. Der Reiz besteht aber genau in diesem spannungsreichen Kontrastverhältnis. Alle drei Baumkronen leuchten im gelbgrünen Ton, unterscheiden sich aber deutlich. Du erkennst, dass die Technik dich ständig mit neuen Farbwirkungen überrascht.

Detail 2

Für die Platzierung der Äste und Stämme gibt es kein allgemeingültiges Rezept. Es ist immer ein Jonglieren zwischen Hell und Dunkel. Was kommt mir entgegen und was versinkt im Schatten? Denke daran, auch der Stamm gewinnt durch eine farbliche Raffinesse. Ich bin immer wieder begeistert, welche Ästhetik ungewöhnliche Farbkombinationen entwickeln können. Beginne in der linken Rinde mit Siena natur und belebe die noch feuchte Aquarellschicht mit Umbra natur, Vandyckbraun und Neutraltinte. Experimentiere bei dem mittleren Stamm mit einem anderen Farbklang. Ich möchte dich hier mit meinem Beispiel für Ultramarinviolett, Ultramarin feinst und Bergblau begeistern.

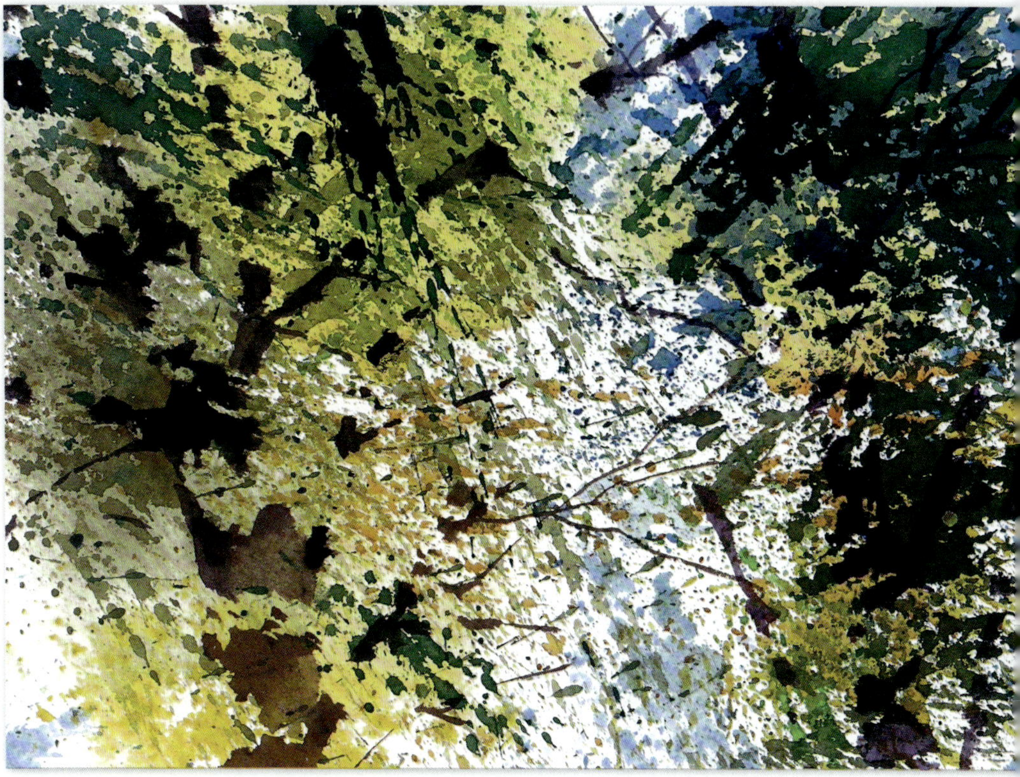

Vorgehensweise

Fülle mit Bergblau und einer geschickten Spritzrichtung die Zwischenräume. Verbinde mit einem dicken, weichen Pinsel die blauen Spritztropfen zu größeren Hintergrundflächen. Male aber die Flächen nicht exakt aus. Die Leichtigkeit würde sich verabschieden. Auch die Wiese gelingt dir mit den Farbpunkten gut. Hier treffen sich Maigrün, Hookersgrün, Zitronengelb, ein sehr helles, wässriges Ultramarinviolett und Umbra natur. Farbpunkte der einzelnen Flächen findest du auch in den angrenzenden Nachbarflächen. Alle Farben tanzen impressionistisch und aufgewirbelt miteinander. Die Technik macht es dir sehr leicht bei diesen faszinierenden Farbüberschneidungen.

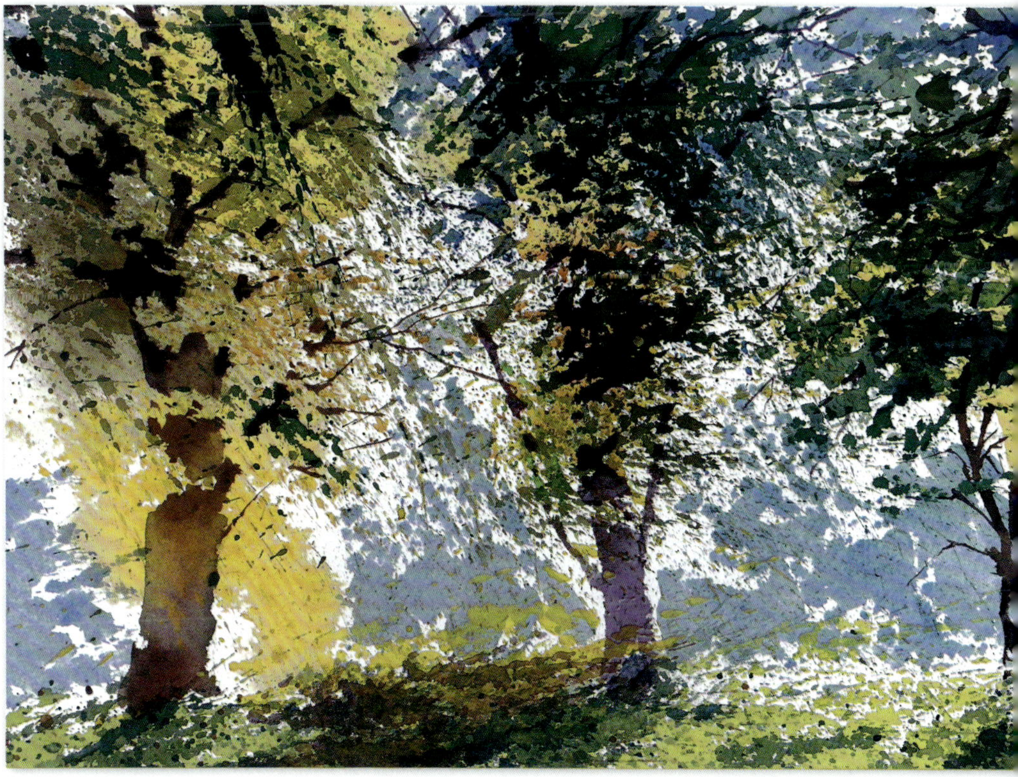

Danksagung

Ich danke der Farbenfirma Schmincke für die hervorragenden Aquarellfarben, der Papierfirma Hahnemühle für das fantastische Büttenpapier und der Pinselfirma da Vinci für die ausgezeichneten Pinsel.

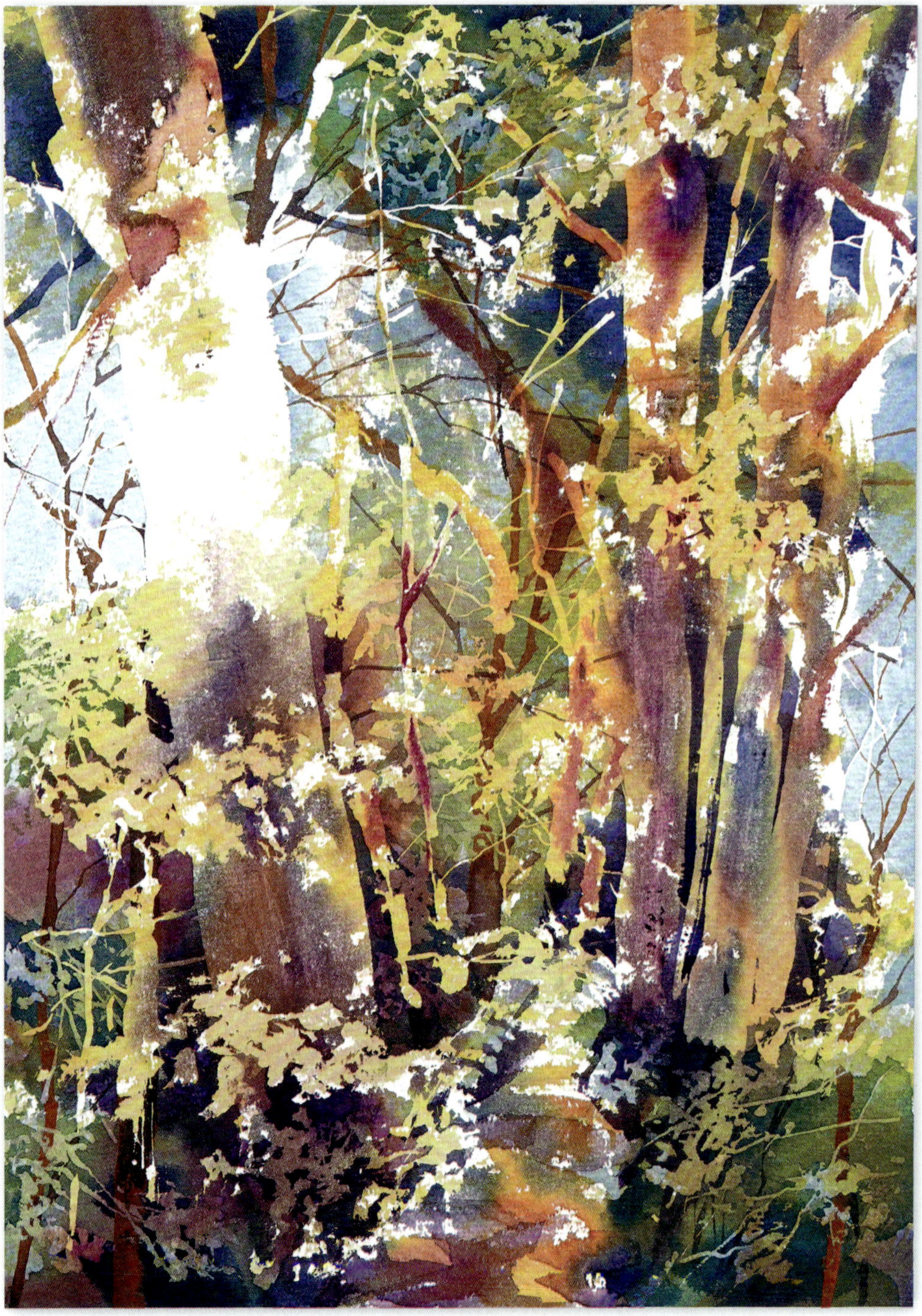

Über den Autor

Werner Maier geboren 1956 in München. Studium an der Akademie der Bildenden Künste in München bei Prof. Horst Sauerbruch, Prof. Fridhelm Klein und Prof. Rudi Tröger. Lehraufträge im Porträt- und Aktzeichnen an der Akademie der Bildenden Künste München und Landschaftsaquarell an der Sommerakademie. Ateliergemeinschaft mit Ekkehardt Hofmann. Seit 1987 freischaffender Künstler mit Ausstellungen im In- und Ausland.

Ankäufe von Museen und öffentlichen Sammlungen

www.werner-maier-kunst.de
www.maierwerner.com
Instagram. #wernermaierkunst

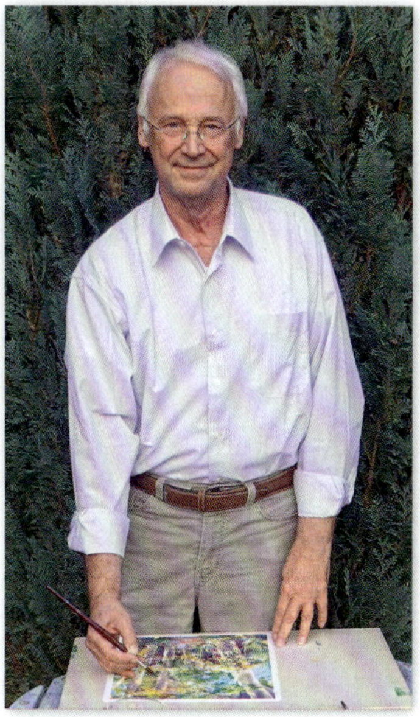

Das Buch widme ich meiner Tochter Noemi und meiner Gerlinde

Nachwort

Wenn du die Landschaft mit Aquarell gekonnt in Szene setzen möchtest, dann werden Baumstudien dein ständiger Begleiter sein. Entdecke bei deinen Naturbeobachtungen die unterschiedlichsten Grüntöne und Flächenstrukturen. Bäume sind wirklich leicht zu aquarellieren. Sie lassen dir eine große Freiheit beim Gestalten der Blätter und Äste. Variiere in deiner Malerei Laub und Zweige immer wieder neu. Hier macht dich die Übung zum Meister. Selbst scheinbar verunglückte Flächen können ein gelungenes Laubwerk hervorzaubern. Durch die Spritztechnik legen sich die Farbflächen mit erstaunlicher Leichtigkeit auf das Papier, und die bunten Schichten wirken dann nicht bemüht oder gar trüb gemalt. Dies sind ideale Voraussetzungen, um sich mit der wässrigen Farbe anzufreunden. Viel Spaß beim Aquarellieren!

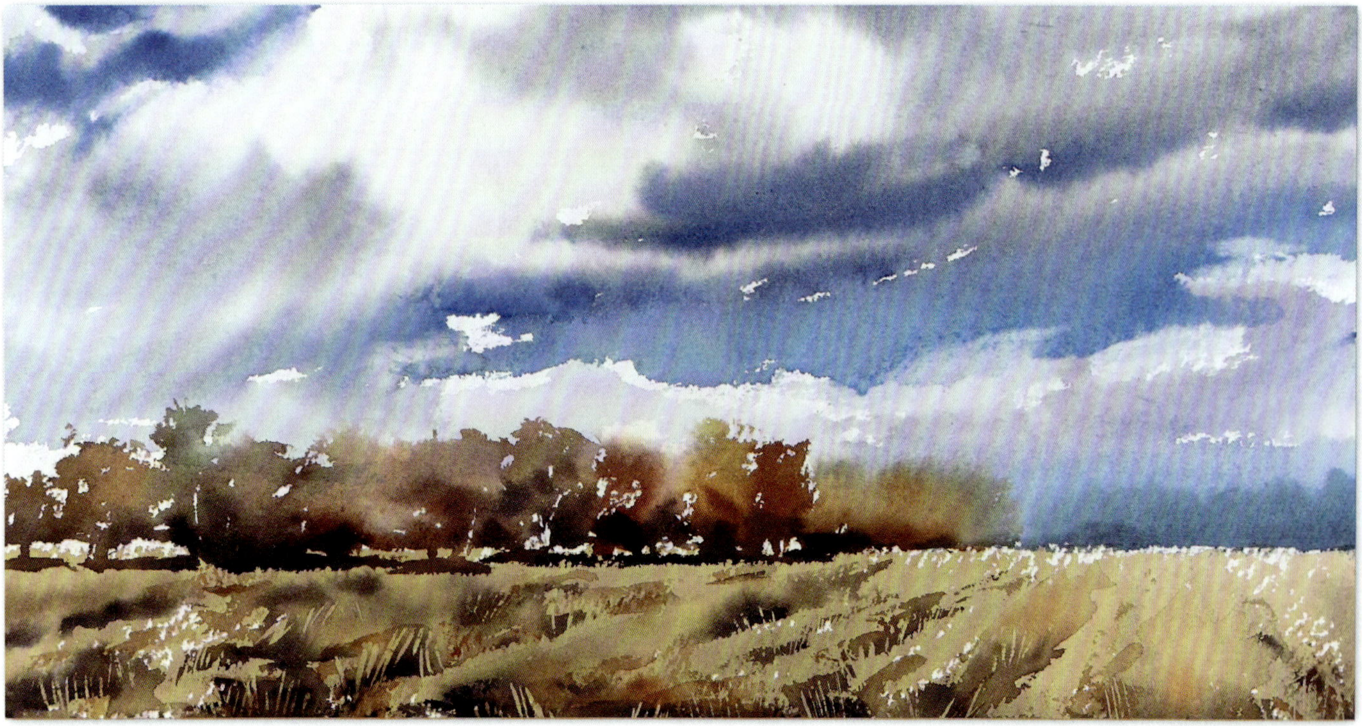

Impressum

Illustrationen & Fotos: Werner Maier
Verantwortlich: Maria Möllenkamp
Lektorat & Projektmanagement: ZweiKonzept GbR
Umschlaggestaltung: Mathias Frisch
Satz: Elke Mader
Repro: LUDWIG:media
Herstellung: Julia Hegele
Printed in Türkiye by Elma Basim

★★★★★

Sind Sie mit diesem Titel zufrieden? Dann würden wir uns über Ihre Weiterempfehlung freuen. Erzählen Sie es im Freundeskreis, berichten Sie Ihrem Buchhändler oder bewerten Sie bei Onlinekauf. Und wenn Sie Kritik, Korrekturen, Aktualisierungen haben, freuen wir uns über Ihre Nachricht an: Christian Verlag, Postfach 40 02 09, D-80702 München oder per E-Mail an lektorat@verlagshaus.de.

Unser komplettes Programm finden Sie unter

www.christophorus-verlag.de

In diesem Buch wird aus Gründen der besseren Lesbarkeit das generische Maskulinum verwendet. Weibliche und anderweitige Geschlechteridentitäten werden dabei ausdrücklich mitgemeint, soweit es für die Aussage erforderlich ist.

Die Deutsche Nationalbibliothek verzeichnet diese Publikation in der Deutschen Nationalbibliografie; detaillierte bibliografische Daten sind im Internet über http://dnb.d-nb.de abrufbar.

ISBN 978-3-86230-452-3

Besuchen Sie uns im Internet: www.christophorus-verlag.de & www.selbstgemacht.de

Ebenfalls erhältlich ...

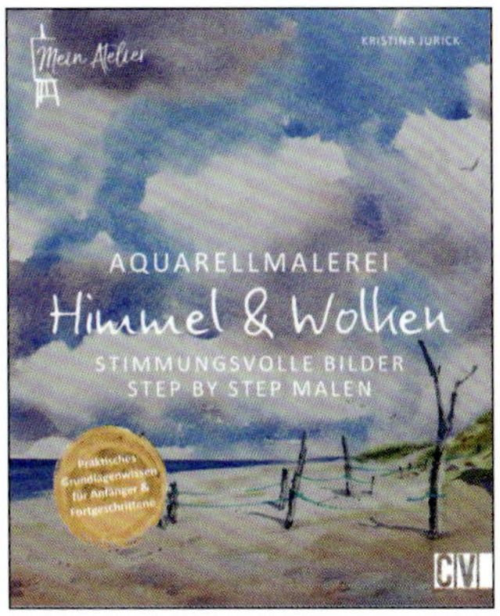

ISBN 978-3-86230-428-8

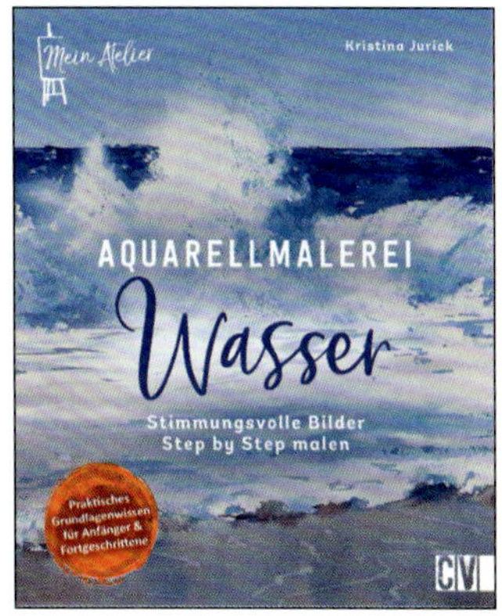

ISBN 978-3-86230-441-7

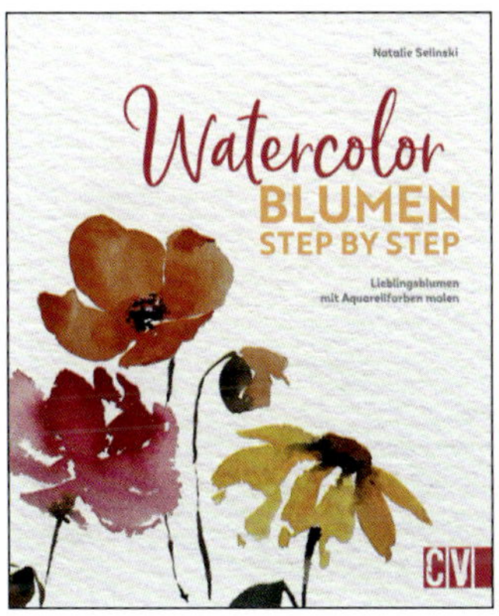

ISBN 978-3-86230-451-6

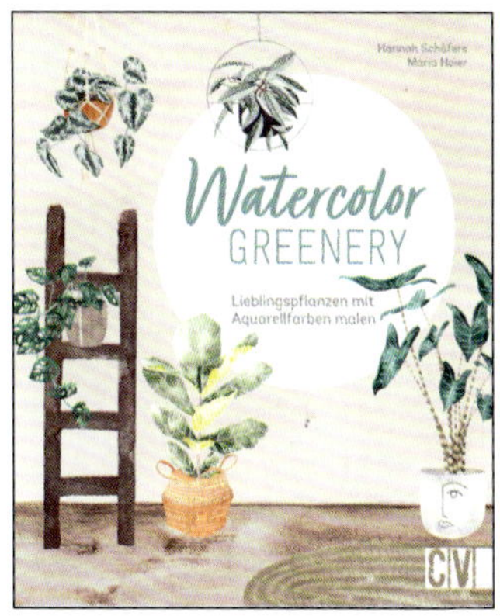

ISBN 978-3-86230-447-9

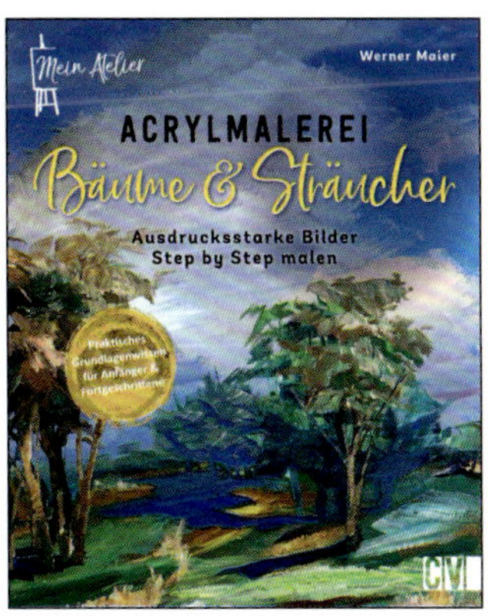

ISBN 978-3-86230-442-4

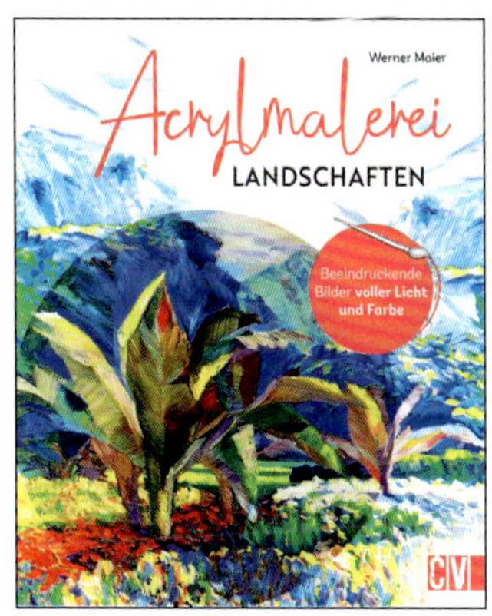

ISBN 978-3-86230-439-4

www.christophorus-verlag.de